TUTZINGER SCHRIFTEN ZUR POLITISCHEN BILDUNG

Wolfgang Quaisser

AKADEMIE FÜR
POLITISCHE
BILDUNG TUTZING

Soziale Marktwirtschaft

Standortwettbewerb als Gegenstand
der politischen Bildung

WOCHEN
SCHAU
WISSENSCHAFT

Bibliografische Information Der Deutschen Bibliothek

Die Deutsche Bibliothek verzeichnet diese Publikation in der Deutschen Nationalbibliografie; detaillierte bibliografische Daten sind im Internet unter http://dnb.ddb.de abrufbar.

Die Reihe „Tutzinger Schriften zur politischen Bildung" wird herausgegeben von der Akademie für Politische Bildung Tutzing.
Direktor: Prof. Dr. Dr. h.c. Heinrich Oberreuter

© by WOCHENSCHAU Verlag
Schwalbach/Ts. 2010

www.wochenschau-verlag.de

Alle Rechte vorbehalten. Kein Teil dieses Buches darf in irgendeiner Form (Druck, Fotokopie oder in einem anderen Verfahren) ohne schriftliche Genehmigung des Verlages reproduziert oder unter Verwendung elektronischer Systeme verarbeitet werden.

Umschlaggestaltung: Ohl Design
Gedruckt auf chlorfrei gebleichtem Papier
Gesamtherstellung: Wochenschau Verlag
ISBN 978-3-89974609-9

Inhalt

Tabellen, Schaubilder und Übersichten 6
Vorwort des Akademiedirektors 9
Vorwort 10

1. **Herausforderungen für die Soziale Marktwirtschaft:
   Deutsche Einheit, Globalisierung und Osterweiterung** 12
2. **Die Soziale Marktwirtschaft Deutschlands
   im Standortwettbewerb** 20
   2.1. Die Soziale Marktwirtschaft – ein konsistentes Modell? 20
   2.2. Legitimationsproblem: Wachstum und Beschäftigung 23
   2.3. Externe und interne Schocks 26
   2.4. Das Ende des Sozialstaates? 28
   2.5. Hat Deutschland ein Wettbewerbsproblem? 32
   2.6. Deutschland, eine Basarökonomie? 36
   2.7. Wachstums- und Beschäftigungseffekte durch
        Osterweiterung und Globalisierung 39
   2.8. Sind wir besser, als wir glauben? 43
   2.9. Aufstieg und Niedergang von Nationen 46
   2.10. Mehrdimensionale Gründe für die Wachstumsschwäche 49

3. **Ostdeutschlands Transformation als Sonderweg** 50
   3.1. Transformationskrise in Ostdeutschland und
        Ostmitteleuropa 50
   3.2. Ursache der divergierenden Entwicklungen 53
      3.2.1. Ostmitteleuropa:
             Kopie des deutschen Nachkriegsmodells 53
      3.2.2. Ostdeutschland:
             Einzigartiges Transformationsmodell aufgrund der
             Sonderbedingungen der deutschen Einheit 54
   3.3. Verschiedenartige ordnungspolitische Modelle 56
      3.3.1. Ostdeutschland:
             Einziger Fall einer kompletten Schocktherapie 56
      3.3.2. Ostmitteleuropa:
             Transformation ohne soziale Absicherung 59

3.4. Soziale und politische Implikationen der Transformation 60
   3.4.1. Ostdeutschland: Frustrationen führen zu markant
          unterschiedlichen Wahlverhalten 60
   3.4.2. Ostmitteleuropa:
          Enttäuschungen führen zu politischen Instabilitäten 62
3.5. Perspektiven und Probleme:
     Verschärfter Standortwettbewerb 62
   3.5.1. Ostmitteleuropa:
          Die „kleinen Tiger" müssen sich in der europäischen
          Integration und der Globalisierung behaupten 62
   3.5.2. Ostdeutschland:
          Schwieriger Weg zur Wettbewerbsfähigkeit 64
3.6. Was lehrt uns Ostmitteleuropa? 66

4. Die Finanz- und Wirtschaftskrise 68
4.1. Einführung: Verunsicherungen und offene Fragen 68
4.2. Die Dramatik des Wirtschaftseinbruchs 69
   4.2.1. Größte Wirtschaftskrise seit 1929 69
   4.2.2. Auslöser der Krise:
          Spekulationsblasen platzen, Kreditmärkte frieren ein 71
4.3. Ursachen der Finanz- und Wirtschaftskrise 73
   4.3.1. „Jedem US-Amerikaner sein eigenes Haus" 73
   4.3.2. Die Politik des leichten Geldes: „Die Inflation ist besiegt!" 75
   4.3.3. Globale Ungleichgewichte: Die Ersparnisse der Chinesen
          finanzieren den amerikanischen Konsum auf Pump 76
   4.3.4. Der Kreditmarkt „hebt ab". Die „hohe Kunst" der
          Finanzmarktmathematik entpuppt sich als Illusion 77
   4.3.5. Gefährliche Mechanismen verstärken die Krise 80
4.4. Bedrohungen der Weltwirtschaft und Wege aus der Krise 84
   4.4.1. Kernschmelze im Finanzsystem 84
   4.4.2. Von der Deflation zur Depression 92
   4.4.3. Das Ende der Globalisierung? 96
   4.4.4. Von der Deflation zur Inflation oder sogar
          Hyperinflation? 98
   4.4.5. Droht der Staatsbankrott? 103
   4.4.6. Überbordende Staatstätigkeit 109
   4.4.7. Bricht die Eurozone auseinander? 113
4.5. Politische Dimension der Neuordnung des Finanzsektors 116
4.6. Ausblick 118

5. Die Soziale Marktwirtschaft im Wandel – Herausforderungen für die politische Bildung 123
  5.1. Stimmungslage: Schwindende Akzeptanz der Sozialen Marktwirtschaft 123
  5.2. Die Finanz- und Wirtschaftskrise: Anforderungen an die Ökonomie, Demokratie und ökonomische Wissensvermittlung? 125
  5.3. Wirtschafts- und Sozialpolitik in der Bildungsarbeit 130
  5.4. Perspektiven 136

Literaturverzeichnis 137

Tabellen, Schaubilder und Übersichten

Tabellen

Tabelle 1.1. Entwicklung des Außenhandels und der Weltproduktion 14
Tabelle 1.2. Außenhandel verschiedener Regionen und Deutschlands
in % des BIP 15
Tabelle 1.3. Bruttokapitalströme in EU- und OECD-Ländern 17
Tabelle 2.1. Verwendung des deutschen BIP 25
Tabelle 2.2. KOF-Index der Globalisierung, ausgewählte Länder 26
Tabelle 2.3. Der Globale Wettbewerbsindex (GWI) des
World Economic Forum 2008 - 2009 34
Tabelle 3.1. Wirtschaftswachstum 2004 - 2007 53
Tabelle 3.2. Arbeitslosenquoten im Vergleich 61
Tabelle 4.1. Wichtige Wirtschaftsindikatoren für ausgewählte Länder
und Regionen 2007 - 2010 70
Tabelle 4.2. Budgetdefizite und Schuldenstand in ausgewählten
Ländern 2007 - 2010 103
Tabelle 4.3. Staatsschulden, Saldo des Staatshaushaltes und
fiskalischer Anpassungsbedarf 106
Tabelle 5.1. Ausgewählte offene Fachtagungen, in Eigenregie
bzw. mit Kooperationspartner 134

Schaubilder

Schaubild 1.1. Ausgewählte intra- und interregionale Handelsströme
von verarbeitenden Erzeugnissen (2006) 13
Schaubild 1.2. Entwicklung der Nettokapitalströme in Schwellen-
und Entwicklungsländern 16
Schaubild 2.1. Reale Entwicklung des Bruttoinlandsproduktes
von 1990 bis 2006 24
Schaubild 2.2. Entwicklung der Arbeitslosigkeit in Deutschland 25
Schaubild 2.3. Veränderte Rahmenbedingungen für die deutsche
Volkswirtschaft 28
Schaubild 2.4. Höhe der deutschen Sozialausgaben in Relation zur
Wirtschaftsleistung 29

Schaubild 2.5. Entwicklung der industriellen Arbeitskosten je Stunde
(Arbeiter und Angestellte) im internationalen Vergleich ... 33
Schaubild 2.6. Schematische Darstellung des globalen Wettbewerbs ... 33
Schaubild 2.7. Outsourcing im Vergleich zu Offshoring nach
Ostmitteleuropa (2000) am Beispiel deutscher Firmen ... 36
Schaubild 2.8. Schematische Darstellung der Wirkungen der
Globalisierung ... 38
Schaubild 2.9. Finanzierungssaldo des Staates und Schuldenstand
Deutschlands in % des BIP ... 45
Schaubild 2.10. Vergleich der langfristigen Entwicklung des
Brutto-Nationaleinkommens, Pro-Kopf zwischen
einzelnen Ländergruppen (1950 – 2004) ... 47
Schaubild 3.1. Entwicklung des BIP (real) in den neuen
EU-Mitgliedsstaaten und den neuen Bundesländern ... 52
Schaubild 3.2. Konvergenzprozess Ostdeutschlands
(einschließlich Berlin) gemessen am nominalen BIP ... 65
Schaubild 4.1. Case-Shiller Hauspreisindex für die USA ... 72
Schaubild 4.2. Ursachenkomplex und Erscheinungsformen der Krise ... 74
Schaubild 4.3. Saldo der Leistungsbilanz der USA und Chinas ... 77
Schaubild 4.4. Neue Finanzinstrumente und der Prozess der
Verbriefung auf den Kreditmärkten ... 79
Schaubild 4.5. Die Krise im Subprime-Immobilienbereich
und ihre fatalen Folgen ... 81
Schaubild 4.6. Schematische Darstellung der Verstärkungs- und
Ausbreitungsmechanismen der Finanzkrise ... 83
Schaubild 4.7. Konjunkturprogramme und Maßnahmen in
Deutschland zur Stabilisierung des Finanzsektors
und der Realwirtschaft (2009 und 2010) ... 93
Schaubild 4.8. Kredithürde im verarbeitenden Gewerbe nach
Größenklassen von Juni 2003 bis Januar 2010 ... 95
Schaubild 4.9. Kapitalmobilität und Bankenkrisen ... 97
Schaubild 4.10. Entwicklung der Geldmenge M 3 im Euroraum ... 100
Schaubild 4.11. Anstieg der öffentlichen Verschuldung (Brutto)
als Folge der Finanz- und Wirtschaftskrise ... 104
Schaubild 4.12. Altersbedingte Staatsausgaben in verschiedenen
EU-Ländern ... 108
Schaubild 4.13. Prämien für Kreditausfallswaps ... 113
Schaubild 4.14. Weltweite Industrieproduktion ... 120
Schaubild 4.15. Weltbörsen ... 121

Schaubild 4.16. Welthandel 121
Schaubild 5.1. Umfrage: Hat sich die Soziale Marktwirtschaft
bewährt? 124
Schaubild 5.2. Umfrage: Kann die Politik die wirtschaftlichen
Probleme des Landes lösen? 127
Schaubild 5.3. Umfrage: Geht es in unserer Gesellschaft
sozial gerecht zu? 129
Schaubild 5.4. Umfrage: Was brauchen wir für die Zukunft der
Sozialen Marktwirtschaft? 130

Übersichten

Übersicht 2.1. Merkmale und Besonderheiten der Sozialen
Marktwirtschaft Deutschlands 22
Übersicht 2.2. Welche Länder haben den Euro eingeführt und wann? 43

Kästen

Kasten 2.1. Kontroverse über Mindestlöhne 31
Kasten 2.2. Deutschland im Steuerwettbewerb mit den neuen
EU-Mitgliedsländern 35
Kasten 2.3. Grenzregionen nach der EU-Erweiterung 42
Kasten 3.1. Diskussion über Aufbau Ost in der Akademie 58
Kasten 4.1. Krisenmanagement und Maßnahmen zur Konsolidierung
und Regulierung des Finanzsektors in Deutschland 87
Kasten 4.2. Finanzmarktregulierung: Vereinbarungen, Aufgaben,
bisherige Maßnahmen und offene Fragen 89
Kasten 4.3. Vergleich Große Depression ab 1929 und Finanz- und
Wirtschaftskrise ab 2008 119

Vorwort des Akademiedirektors

Die Soziale Marktwirtschaft wird häufig als Erklärung für das Wirtschaftswunder angeführt. Im Ost-West-Konflikt galt sie als wirtschaftlicher Garant der Demokratie. Sie vereint Merkmale der freien Marktwirtschaft mit dem Gedanken des sozialen Ausgleichs und hat damit wesentlich zur Stabilität des politischen Systems der Bundesrepublik beigetragen. Dennoch wurden ihre Grundzüge immer wieder unterschiedlich interpretiert und akzentuiert. Phasen der grundsätzlichen Systemkritik von linker Seite überlebte sie genauso wie die Forderungen der Verteidiger einer unbeschränkten Marktfreiheit. Die Bewältigung der deutschen Einheit, enttäuschende Entwicklungen, u. a. die anhaltende Wachstumsschwäche und hohe Arbeitslosigkeit, Globalisierung sowie europäische Integration stellten und stellen immer wieder Herausforderungen dar, in deren Kontext ordnungspolitische Prinzipien und wirtschaftspolitische Konzeptionen der Sozialen Marktwirtschaft überprüft werden müssen. Der vorliegende Band thematisiert zentrale Herausforderungen für das deutsche Wirtschaftssystem und stellt sie in den Kontext der politischen Bildungsarbeit der Akademie.

Prof. Dr. Dr. h.c. Heinrich Oberreuter
Direktor der Akademie für Politische Bildung Tutzing

Vorwort

Deutschland stand in den letzten zwei Jahrzehnten wirtschaftlich und sozial vor der Herausforderung, die nationale Einheit zu bewältigen sowie Globalisierung und europäische Integration, insbesondere die Osterweiterung, als Chance zu nutzen. Mit der jetzigen Finanz- und Wirtschaftskrise kommt eine weitere Bewährungsprobe hinzu. Kritiker halten die Soziale Marktwirtschaft für ein Auslaufmodell, ihren Befürwortern gilt sie als Exportschlager. Vergessen wird vielfach, dass die Soziale Marktwirtschaft kein in Stein gemeißeltes Ordnungskonzept weder sein kann, noch sein darf, um im Wandel der technologischen und internationalen Rahmenbedingungen bestehen zu können.

Seit den 1990er Jahren haben die Globalisierung sowie die europäische Integration und Erweiterung an Dynamik gewonnen. Ökonomisch beinhalten diese Prozesse, dass Güter- und Faktormärkte auf europäischer und globaler Ebene integriert werden. Anpassungen seitens der Unternehmen, Gesellschaft und Politik, die vielfach als schmerzhaft empfunden werden, sind notwendig. Während die beachtlichen Exporterfolge der deutschen Wirtschaft darauf hindeuten, dass die deutschen Unternehmen erfolgreich im globalen Wettbewerb agieren, scheinen Gesellschaft und Politik diesen Anforderungen nicht ausreichend zu genügen.

Zwar zeichnete sich ab 2006 ein deutliches Wachstum und ein konstanter Rückgang der Arbeitslosigkeit ab, zu dem auch die eingeleiteten Reformen beigetragen haben, doch waren wichtige Bereiche der deutschen Wirtschafts- und Sozialordnung noch immer unzureichend für den Standortwettbewerb gerüstet. Die sich seit Herbst 2008 verschärfende Finanz- und Wirtschaftskrise stellt die Soziale Marktwirtschaft vor neue Herausforderungen. Zunächst geht es darum, wirtschaftspolitisch alles zu unternehmen, um eine weitere Zuspitzung der Krise zu vermeiden und die Auswirkungen auf die Realwirtschaft zu begrenzen. Gleichzeitig gilt es, national wie international einen neuen Ordnungsrahmen aufzubauen, um solche einschneidenden Krisenentwicklungen künftig zu vermeiden.

Im Kern beschäftigt sich diese Studie mit der Frage, wie die Soziale Marktwirtschaft Deutschlands die Herausforderungen der Wiedervereinigung und Globalisierung sowie der europäischen Integration bewältigt hat. Die Überwindung der Finanzkrise als zentrale Aufgabe der kommenden Jahre wird gesondert analysiert. Nur vereinzelt wird auf andere gesellschaftliche Bereiche eingegangen. Dies gilt vor allem für die Umwelt- und

Energiepolitik, die im Kontext der Europäischen Union gesondert analysiert werden soll.

Globalisierung, Osterweiterung und Aufbau Ost sind auch als Herausforderung für die politische Bildung zu begreifen, denn ihre – zumindest grundlegende – gesellschaftliche Akzeptanz entscheidet über Wohlstand und letztlich auch über die Stabilität unseres politischen Systems. Die Auseinandersetzungen um gesellschaftliche Gerechtigkeit, Mindestlöhne, Managergehälter, Produktionsverlagerungen und die Finanzmarktkrise zeigen dies deutlich.

Die folgende Studie ist im Kontext meiner Tätigkeit als Dozent für Wirtschafts- und Sozialpolitik an der Akademie für Politische Bildung in Tutzing vom Oktober 2005 bis Juni 2009 entstanden. Sie stützt sich auf viele von mir in dieser Zeit an der Akademie durchgeführte Veranstaltungen. Nicht minder gewinnbringend war die Arbeit am Osteuropa-Institut München (ab Herbst 2007 Regensburg).

Während meiner Tätigkeit in Tutzing und am Osteuropa-Institut entstanden verschiedene Publikationen, Manuskripte und Vorträge, die dieser Studie in erweiterter und überarbeiteter Form als Grundlage dienen. Eine besondere Herausforderung dabei war es, neben der Tagungsorganisation das in Zusammenarbeit mit Steve Wood entstandene Buch „The New European Union – Confronting the Challenges of Integration" in Tutzing fertigzustellen. Hilfreich für die Abfassung der vorliegenden Studie erwies sich auch die Vorlesung „Vergleich von Wirtschaftssystemen", die ich zusammen mit Professor Werner Gumpel 2005 bis 2007 an der Hochschule für Politik gehalten habe. Mein besonderer Dank gilt ferner Herrn Professor Heinrich Oberreuter, dem Leiter der Akademie für Politische Bildung, für seine Förderung und sein in mich gesetztes Vertrauen.

Wolfgang Quaisser
Tutzing, im Juni 2009

1. Herausforderungen für die Soziale Marktwirtschaft: Deutsche Einheit, Globalisierung und Osterweiterung

Anfang der 1990er Jahre standen Deutschland und Europa vor einer Zeitenwende: Mit dem Ende des Kommunismus galt es in Ostdeutschland und im östlichen Europa unter sehr unterschiedlichen Rahmenbedingungen, die Transformation von der Plan- zu Marktwirtschaft zu bewältigen. Der deutsche Weg unterschied sich von dem Ostmitteleuropas insofern, als ein fertiges und erprobtes ordnungspolitisches Modell quasi über Nacht auf Ostdeutschland übertragen wurde. Dieses Vorgehen hatte zwar einige Vorteile, aber auch gravierende Nachteile. Die Transformation in Ostmitteleuropa war dagegen ein selbstbestimmter Weg, mit weitaus geringerer finanzieller Unterstützung. Die Herausforderungen für die Soziale Marktwirtschaft im Zuge der deutschen Einheit werden in Kapitel 3 vor dem Hintergrund der Transformationserfahrungen im östlichen Europa diskutiert.

Die 1990er Jahre waren zudem durch eine neue Globalisierungswelle und dem schrittweisen Erweiterungsprozess der Europäischen Union gekennzeichnet. Beide Prozesse haben viele Gesichter. Sie umfassen wirtschaftliche, soziale, politische, ökologische und kulturelle Aspekte, die wiederum interdependent und nicht voneinander zu trennen sind. Beide Prozesse sind politisch initiiert und setzen ökonomische sowie gesellschaftliche Kräfte frei, die gewünschte aber auch unerwünschte Effekte hervorbringen. Globalisierung und Osterweiterung sind keine „Naturereignisse", sondern politisch gewollt und gestaltbar. Aufgrund ihrer Abhängigkeit von politischen Entscheidungen wären sie aber auch gänzlich umkehrbar, mit allerdings unabsehbaren negativen Folgen für die internationale Wirtschaft und Gesellschaft. Die Lehren aus der ersten, Mitte des 19. Jahrhunderts einsetzenden Globalisierungswelle sind eindeutig: Als Ende der 1920er Jahre der weltweite Protektionismus maßgeblich dazu beitrug sie zu beenden, folgte die „Große Depression". Es ist zu hoffen, dass in der gegenwärtigen Krise dieser Fehler vermieden wird.[1]

Vor dem Hintergrund der jüngsten Finanzmarktkrise erweist sich die Weltwirtschaft als fragiles System. Die Menschen sehnen sich indes

---

1 Vgl. JAMES, HAROLD: The End of Globalization, Lessons from the Great Depression, Cambridge, Mass. 2001; und BOCHERT, KNUT: Die Globalisierung in historischer Perspektive, München 2001.

nach Stabilität und Sicherheit. Der Ruf nach staatlichen Interventionen gehört deshalb zum gesellschaftspolitischen Standardrepertoire nicht nur linker politischer Strömungen. Der Liberalismus sieht dagegen durch zu starke staatliche Regulierung die wirtschaftliche Freiheit in Gefahr. Der alte wirtschaftspolitische Konflikt zwischen Freiheit und staatlicher Regulierung entzündet sich zunehmend an offenen Fragen der Osterweiterung und Globalisierung. Hintergrund ist, dass sich die ökonomische Integration unterschiedlich auf Wirtschaftssektoren, soziale Schichten, Länder und Regionen auswirkt. Vielfach bilden gerade diese verteilungspolitischen Effekte den zentralen Ansatzpunkt einer eher fundamentalen Kritik, die regelmäßig an dem marktwirtschaftlich kapitalistischen System geübt wird. Gegen Ende der 1990er Jahre fanden diese grundsätzlichen Einwände ihren Niederschlag in der „Globalisierungskritik", die sich in den verschiedensten Facetten äußert.[2]

Schaubild 1.1. Ausgewählte intra- und interregionale Handelsströme von verarbeitenden Erzeugnissen (2006)

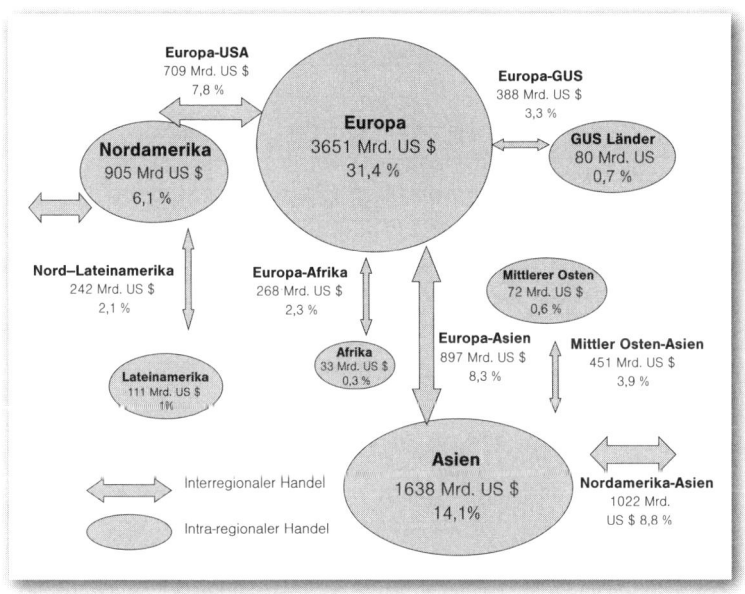

Quelle: WTO, International Trade Statistics, 2007.

---

2 Eine Fundamentalkritik der Globalisierung ist zu finden bei: KLEIN, NAOMI: No Logo! München, 2001; eine differenzierte Verteidigung der Globalisierung erfolgt durch: BHAGWATI, JAGDISCH, in Denfense of Globalization, New York, 2004.

Die Osterweiterung der EU von 2004 und 2007 war kein punktuelles Ereignis, sondern ein langfristiger Prozess, der in den 1990er Jahre seinen Anfang nahm. Er fällt in eine Zeit, in der sich weltweit Globalisierungstendenzen verstärkten. Dennoch entfallen etwa 53 % des gesamten Welthandels auf den Warenaustausch innerhalb der jeweiligen Regionen. Europa ist dank der europäischen Integration hier führend. Sein intraregionaler Handel macht fast ein Drittel des Welthandels aus (31,4 % 2006). Schaubild 1.1. zeigt, dass Europa und Nordamerika stark mit Asien vernetzt sind. Auffällig niedrig ist der intraregionale Handel in Afrika. Aus Tabelle 1.1. ist zudem ein weiteres Kennzeichen der Globalisierung erkennbar: Der Außenhandel vor allem mit verarbeitenden Erzeugnissen wächst rascher als die Güterproduktion und das Welt-BIP. Die Handelsverflechtungen und die internationale Arbeitsteilung haben sich demnach intensiviert. Regional ist der große Gewinner der Globalisierung Asien, insbesondere China, wogegen Afrika seine Chancen nicht nutzen konnte.

Tabelle 1.1. Entwicklung des Außenhandels und der Weltproduktion (jährliche Veränderungen, real)

	2000-07	2005	2006	2007
Exporte	5,5	6,5	8,5	6,0
Agrarerzeugnisse	4,0	6,0	6,0	4,5
EnergieträgerEU-15	3,5	3,5	3,5	3,0
Verarbeitende Erzeugnisse	6,5	7,5	10,0	7,5
Weltgüterproduktion	3,0	3,0	3,0	4,0
Agrarerzeugnisse	2,5	2,0	1,5	2,5
EnergieträgerEU-15	1,5	1,5	1,0	0
Verarbeitende Erzeugnisse	3,0	4,0	4,0	5,0
Welt-BIP	3,0	3,0	3,5	3,5

Quelle: WTO, International Trade Statistics, 2008.

Globalisierung und Osterweiterung können ökonomisch als vertiefte Arbeitsteilung zwischen einzelnen Regionen und Ländern bezeichnet werden. Die zunehmende wirtschaftliche Interdependenz einzelner Länder bzw. Wirtschaftsblöcke schlägt sich in einem wachsenden Außenhandel von Gütern und Dienstleistungen sowie in rapide zunehmenden internationalen Kapitalströmen nieder. Damit verbunden findet auch eine raschere und breitere Diffusion neuer Technologien statt. Diese unter dem Modewort „Globalisierung" bezeichnete Erscheinung ähnelt zwar in vielem den Prozessen ökonomischer Integration, wie sie seit Mitte des 19. Jahrhundert zu beobachten war, doch haben Breite,

Tempo und Tiefe dieser Entwicklung eine neue Qualität erreicht. Zum einen ist eine weitaus größere Zahl von Ländern beteiligt, zum anderen hat der technische Fortschritt die Transaktionskosten des Handels (Transport, Telekommunikation, Computerkosten etc.) deutlich reduziert.[3]

Tabelle 1.2. Außenhandel* verschiedener Regionen und Deutschlands in % des BIP

	1971	1981	1991	1996	2001	2005	2007
OECD**	25,2	31,8	31,7	36,2	44,4	45,0	-
OECD	-	-	-	19,2	22,0	25,0	26,7
EU-15	29,4	37,3	36,8	40,7	50,2	50,7	-
EU-27	-	-	-	29,2	35,8	37,0	39,6
USA	5,6	10,0	10,3	11,8	12,1	13,4	14,7
Deutschland	16,7	23,9	26,0	24,4	33,8	38,1	43,4

Anmerkung: *Handel (Durchschnitt der Ex- und Importe) mit Waren und Dienstleistungen; ** OECD bis 2005 berechnet ohne Berücksichtigung von Tschechien, Polen, Ungarn und Slowakei.

Quelle: OECD Factbook 2007 and 2009, Economic, Environmental and Social Statistic, Indicators of Globalization.

Die Abhängigkeit eines Landes bzw. einer Region von der Weltwirtschaft spiegelt sich im sogenannten Offenheitsgrad ihrer Ökonomie wider. Weltweit stieg der Anteil des Außenhandels (Angaben des IWF: Summe der Ex- und Importe von Waren und Dienstleistungen) am BIP von 36 % im Jahr 1980 auf 55 % im Jahr 2004.[4] Die OECD berechnet den Außenhandelsanteil am BIP anhand des Durchschnitts der Ex- und Importe, d. h. die Werte liegen definitionsgemäß niedriger. Anhand dieser Werte erreicht die EU-15 Anfang der 1970er Jahre einen Anteil von ca. 30 %, der bis 2005 auf mehr als 50 % stieg. Expandiert hat vor allem der Handel mit Industriegütern. Während Länder mit ähnlichen Einkommensniveaus Erzeugnisse gleicher Qualität (horizontaler intra-industrieller Handel) austauschen, handeln Industrie- und Schwellenländer Güter in unterschiedlichen Preis- und Qualitätssegmenten (vertikaler intra-industrieller Handel). Schwellenländer exportieren vorrangig industrielle Zwischenerzeugnisse in höherentwickelte Industrieländer, die dagegen industrielle Enderzeugnisse exportieren. Mehr als 80 % des intra-

---

3 Vgl. IMF World Economic Outlook (1997): Globalization, Opportunities and Challenges, Washington D.C., May 1997, S. 45.

4 Vgl. IMF World Economic Outtlook (2007): Globalization and Inequalities, Washington D.C., 2007, S. 137.

industriellen Handels der EU-15-Länder mit den östlichen Nachbarländern ist als vertikal zu charakterisieren.[5] Dies gilt im Übrigen auch für den zweiten Aspekt der Globalisierung, nämlich die starke Zunahme von ausländischen Direktinvestitionen der EU, die sich alleine von 1992 bis 1997 mehr als verdoppelten (jährliche Direktinvestitionen der EU im Ausland: 1992 ca. 95 Mrd. US $, 1997: 199 Mrd. US $).[6] Für die gesamten OECD-Länder haben sich die jährlichen Abflüsse von Direktinvestitionen („outflows") von 1990 bis 2007 von 236 Mrd. US $ auf mehr als 2 Billionen US $ fast verachtfacht, doch ist für 2008 und 2009 mit einem deutlichen Rückgang zu rechnen.[7] Für Schwellen- und Entwicklungsländer haben ab den 1990er Jahren die internationalen Kapitaltransfers vor allem die ausländischen Direktinvestitionen (im Durchschnitt 1 bis 2 % des BIP) einen zentralen Beitrag zur Entwicklungsfinanzierung geleistet (vgl. Schaubild 1.2.).

Schaubild 1.2. Entwicklung der Nettokapitalströme in Schwellen- und Entwicklungsländern in % des BIP
(ab 2008 Projektion und Prognosen)

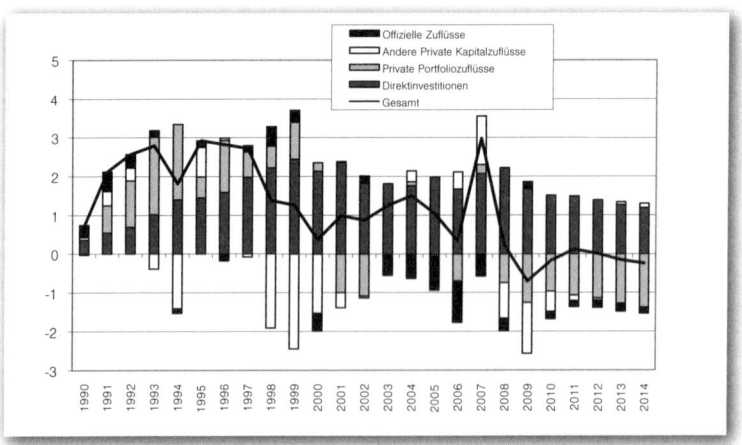

Quelle: World Economic Outlook, Crisis and Recovery, Washington, April 2009, S. 29 und Datenbasis des World Economic Outlook.

---

5 ATURUPANE, CHONIRNA, DJANKOV, SIMEON, HOEKMAN, BERNARD (1997): Determinants of Intra-Industry Trade between East and West Europe, World Bank, Policy Research Working Paper 1850, Washington 1997.
6 Vgl. OECD, Economic Survey of Europe, Paris, 1998.
7 Vgl. OECD, International Investment Perspectives, Freedom of Investment in a Changing World, Paris (2007 Edition), Tabelle 2.A1.1., S. 43, OECD Investment News, June 2009, Issue No. 10.

Deutlich zu erkennen ist in Tabelle 1.2. die Steigerung der privaten Kapitalströme am BIP, die sich in den meisten EU- bzw. OECD-Ländern in den 1990er Jahren bis 2005 verdreifachten und somit 2005 in der gesamten Eurozone auf fast 60 % des BIP stiegen. Die wachsende Interdependenz wird im Handel von Aktien und Staatspapieren am sichtbarsten. Während die grenzüberschreitenden Transaktionen in diesem Bereich in den wichtigsten Industrieländern 1980 noch weniger als 10 % des BIP umfassten, erreichten diese Werte 1995 mehr als 100 %.[8] In den folgenden Jahren hat sich der Prozess weiter beschleunigt. Allein der Handel mit Finanzderivaten stieg in den 1990er Jahren um das 18-fache. Sämtliche grenzüberschreitende Finanztransaktionen (Cross-Border Financial Assets) haben sich von 1990 bis 2004 mehr als verdoppelt. Sie stiegen von 58 % auf 131 % des weltweiten BIP.[9]

Tabelle 1.3. Bruttokapitalströme in EU- und OECD-Ländern (in % des jeweiligen BIP)*

	1990	2005
Frankreich	20,2	32,9
Deutschland	10,2	30,7
Italien	10,3	28,3
Portugal	10,8	50,9
Spanien	11,1	46,0
GB	35,3	122,8
USA	5,6	14,4
Ungarn	4,6	26,2
Polen	11,2	13,6
Eurozone	13,5	58,7

*Anmerkung: Private Bruttokapitalströme in % des BIP: Summe des absoluten Wertes der Direkt-, Portfolio- und anderer Investitionszuflüsse und Investitionsabflüsse, die in der Zahlungsbilanzstatistik ausgewiesen sind. Nicht enthalten sind die Guthaben und Verbindlichkeiten der Zentralbanken und des Staates; die Werte sind in Relation zum BIP in US $ berechnet.
Quelle: World Bank: World Development Indicators 2007, S. 317-318.

Die dargestellten Indikatoren verdeutlichen, wie die wechselseitige Abhängigkeit von Güter- und Faktormärkten dramatisch zugenommen hat. Diese Entwicklung wurde möglich, weil nationale Handelsbeschränkungen abgebaut und

---

8 Vgl. IMF, World Economic Outlook, Globalization, Opportunities and Challenges, Washington D.C., May 1997, S. 45 vgl. S. 60.

9 Vgl. IMF, World Economic Outlook (2007), Globalization and Inequalities, Washington D.C., 2007, S. 137.

Güter- sowie Finanzmärkte weiter liberalisiert wurden. Neben diesen globalen Entwicklungen hat die Schaffung von regionalen Handelsblöcken (u. a. NAFTA in den USA und EU) die Integrationstiefe verstärkt. Die EU hat dabei mit der Errichtung des gemeinsamen Binnenmarktes weitere Integrationsschritte unternommen, um nichttarifäre Handelshemmnisse (vor allem im Bereich des Kapitalmarktes und der Dienstleistungen) zu beseitigen und gleichzeitig den Arbeitsmarkt zu liberalisieren.

Diese Integrationsbemühungen werden von Ökonomen damit gerechtfertigt, dass mit zunehmender wirtschaftlicher Verflechtung die Wohlfahrt positiv beeinflusst wird. Hierbei wirken sowohl statische (verbesserte Allokation der Produktionsfaktoren, intensiverer Wettbewerb etc.) als auch dynamische Effekte. Letztere schaffen die Voraussetzungen für ein höheres Wirtschaftswachstum. Solche Effekte werden u. a. dadurch erzielt, dass Effizienzgewinne höhere Einkommen zur Folge haben, was mittelfristig Investitionen und damit das Wachstum steigert. Letztlich soll damit ein stärkeres Produktions- und Beschäftigungswachstum erreicht werden. Krönung dieses Prozesses innerhalb der EU war schließlich die Schaffung der Währungsunion.[10]

Obwohl die EU in den letzten Jahrzehnten Wachstumserfolge vorweisen kann (im Vergleich mit anderen Regionen jedoch enttäuschend), haben sich diese nicht in entsprechenden Beschäftigungszunahmen und Reallohnsteigerungen niedergeschlagen. Die Arbeitslosenquoten in der EU bewegten sich in dieser Zeit bei ca. 10 %, und in der Euro-Zone bei ca. 11 % der Erwerbspersonen. Es scheint ein trauriges Kapitel der europäischen Wirtschaftspolitik zu sein, dass die Beschäftigungsprobleme in der EU in den 1990er Jahren nicht entschärft werden konnten. Dabei sind jedoch durchaus unterschiedliche Länderentwicklungen zu konstatieren. So wies beispielsweise Großbritannien 2006 nur eine Arbeitslosenquote von ca. 5 %, Deutschland dagegen von ca. 8 % aller Erwerbspersonen auf. Besonders betroffen waren und sind vor allem weniger qualifizierte Beschäftigte.

Beschäftigungspolitisch kontrastiert dieses Bild mit den USA, wo es gelang, die Arbeitslosigkeit in den 1990er Jahren auf fast 4 % zurückzuführen. Dies ist dort dank einer kontinuierlichen Zunahme der Beschäftigung vor allem im Dienstleistungsbereich geglückt. Der Preis der amerikanischen Beschäftigungsentwicklung scheint dagegen eine über 25 Jahre andauernde Stagnation der Reallöhne gewesen zu sein. Im verarbeitenden Gewerbe gingen die Reallöhne in diesem Zeitraum sogar

---

10   EU-KOMMISSION: Europäische Wirtschaft, Jahreswirtschaftsbericht 1997, Brüssel 1997.

um 5 % bis 19 % zurück.[11] Erst in den 2000er Jahren trat eine gewisse Erholung ein. Eine weitere Erscheinung ist, dass die Lohndifferenzierung deutlich zuungunsten der wenig qualifizierten Arbeitskräfte zugenommen hat. Vergleichbares lässt sich in der EU nur in einzelnen Ländern (Großbritannien, Italien seit 1991) beobachten.

Sind diese beschäftigungs- und lohnpolitischen Entwicklungen auf die zunehmende wirtschaftliche Integration zurückzuführen? Während die Mehrzahl der Ökonomen die Wohlfahrt steigernden Effekte der Integration hervorheben, betonen Kritiker, dass durch Importe aus Billiglohnländern Arbeitsplätze in weniger qualifizierten Bereichen verloren gehen bzw. die Löhne in diesen Bereichen überproportional sinken. Dadurch steige die Arbeitslosigkeit und/oder die Lohndifferenzierung nähme zu. Vielfach wird in diesem Zusammenhang von Lohndumping gesprochen, um Forderungen nach protektionistischen Maßnahmen zu rechtfertigen.

Letztlich werden solche Befürchtungen auch im Zusammenhang mit der Osterweiterung der EU artikuliert. Angesichts der beachtlichen Lohndifferenz zwischen der EU und Mittel- und Osteuropa (MOE) – im Vergleich zu Deutschland betragen die Löhne in den MOE-4-Ländern (Polen, Tschechien, Ungarn und Slowakei) nur ca. ein Zehntel – werden solche Befürchtungen verständlich. Neben dem Importdruck bestehen zudem Ängste bezüglich der unmittelbaren Verlagerung von Arbeitsplätzen durch ausländische Direktinvestitionen. Schließlich geht es bei einer Liberalisierung des Arbeitsmarktes, wie sie konsequenterweise bei der Osterweiterung auch gegenüber den MOE-Ländern eintreten würde, um eine direkte Konkurrenz von Arbeitnehmern aus den MOE-Ländern auf dem EU-Arbeitsmarkt. Wie passt sich die Soziale Marktwirtschaft an diese neuen internationalen Rahmenbedingungen an?

---

11 Vgl. SAUERNHEIMER, KARLHANS: „Außenhandel, Reallöhne und Beschäftigung", in: Jahrbuch für die Ordnung von Wirtschaft und Gesellschaft, 1996, Bd. 47, S. 53.

2. Die Soziale Marktwirtschaft Deutschlands im Standortwettbewerb[12]

2.1. Die Soziale Marktwirtschaft – ein konsistentes Modell?

Die Reputation der Sozialen Marktwirtschaft ist unmittelbar verbunden mit der Wirtschafts- und Währungsreform Ludwig Erhards im Jahre 1948, d. h. dem Währungsschnitt und der Einführung der D-Mark (unterstützt durch die Amerikaner) sowie der umfassenden Liberalisierung des Wirtschaftslebens. Ihren Leistungsnachweis erbrachte sie mit dem durch die Reformen angestoßenen und nahezu beispiellosen ökonomischen und sozialen Aufstieg Deutschlands nach dem Zweiten Weltkrieg. Die Begriffskombination, also die semantische Verbindung des Sozialen mit der Marktwirtschaft, wird mitunter als „genialer Werbecoup" bezeichnet, um eine gemeinhin verängstigte und staatsgläubige Bevölkerung mit einem marktwirtschaftlichen System anzufreunden. Der Erfolg sollte der Idee Recht geben. Im Kern beinhaltet sie – entsprechend der ordoliberalen Tradition von Walter Eucken – eine liberale, freiheitliche und offene Marktwirtschaft, die den Wettbewerb stark betont.[13]

---

12 Die folgenden Ausführungen zur Sozialen Marktwirtschaft beziehen sich vorrangig auf die Jahre vor der Finanz- und Wirtschaftskrise. Die Tabellen und Schaubilder dokumentieren deshalb meist nur die Entwicklungen bis 2006 oder 2007. Eine Bewertung der aktuellen Krise mit den entsprechenden Daten befindet sich in Kapitel 4. Der Text stützt sich auf zwei Aufsätze des Autors, die ergänzt und erweitert wurden. Siehe: QUAISSER, WOLFGANG: „Ist die Soziale Marktwirtschaft Deutschlands am Ende?", in: Heinrich Oberreuter (Hrsg.): Politische Bildung im Wandel der Zeit, 50 Jahre Akademie für Politische Bildung, München 2007, S. 463 - 483; und QUAISSER, WOLFGANG: „Die soziale Marktwirtschaft in der globalisierten Welt – Einführung in den Tagungsband", in: Institut für Wirtschaftsforschung Halle (IWH): „60 Jahre Soziale Marktwirtschaft in einer globalisierten Welt, Beiträge des 3. Forums Menschenwürdige Wirtschaftsordnung", Sonderheft: Wirtschaft im Wandel, Halle 2008.

13 Vgl. zu den verschiedenen Darstellungen u. a. HAMPE, PETER/WEBER, JÜRGEN (Hrsg.): 50 Jahre Soziale Marktwirtschaft, Eine Erfolgsstory vor dem Ende?, München 1999; HAMPE, PETER: „Wie sozial ist die Soziale Marktwirtschaft?", in: Bundeszentrale für politische Bildung: „Verantwortung in einer globalisierten Welt, Aufgaben wertorientierter politischer Bildung", Schriftenreihe der Bundeszentrale für politische Bildung, Band 331, S. 360 - 370.

Die Begriffsschöpfung „Soziale Marktwirtschaft" als solche wird allerdings eher Alfred Müller-Armack zugesprochen.[14] Sein Denken gründet sich auch auf die katholische Soziallehre, die ausdrücklich dem Staat in sozialen Fragen eine regulierende Funktion zuwies, die im Laufe der Jahre immer stärker in Richtung eines massiv umverteilenden Sozialstaates uminterpretiert wurde. Ludwig Erhard hingegen betonte auch in sozialen Fragen eher die Eigenverantwortung des Einzelnen, was sich u. a. in seiner stärkeren Akzentuierung der persönlichen Vermögensbildung widerspiegelte. Für ihn waren ohnehin mit dem „Wirtschaftswunder" – denn nicht umsonst hieß sein wegweisendes Buch „Wohlstand für alle" – und der damit verbundenen Vollbeschäftigung, der Eingliederung von Millionen Flüchtlingen sowie der Beseitigung der Wohnungsnot die großen sozialen Fragen der Nachkriegszeit gelöst. Somit wurden bereits in der Anfangsphase unterschiedliche Konzepte verfolgt, die es in der aktuellen Debatte den einzelnen politischen Strömungen erlauben, sich mit ihren Ansätzen auf die Gründungsidee der Sozialen Marktwirtschaft zu berufen.

Die Soziale Marktwirtschaft stützt sich ebenso wie das angelsächsische Wirtschaftsmodell auf Privateigentum und freie Märkte, doch greift der Staat aus gesellschaftspolitischen und sozialen Gründen in die Marktprozesse ein. Dahinter steht eine weitaus größere Skepsis gegenüber den Ergebnissen eines unregulierten Wirtschaftslebens, die ihren Ursprung in der stärker staatlich initiierten Industrialisierung und der obrigkeitsstaatlichen Tradition haben mag. Schon im Grundgesetz wird – in der westlichen Welt ziemlich einzigartig – auf die soziale Verantwortung des Privateigentums hingewiesen. Der explizit verfassungsmäßig verankerte Sozialstaat stützt sich auf umlagefinanzierte Sozialversicherungssysteme ebenso wie auf die von den Gewerkschaften und der Sozialdemokratie erstrittene und in der Welt wohl einmalige paritätische Mitbestimmung der Arbeitnehmer in den Aufsichtsräten großer Aktiengesellschaften mit mehr als 2000 Mitarbeitern.[15]

Weitere zentrale Elemente des deutschen Wirtschaftssystems sind nicht nur seine starke außenwirtschaftliche Öffnung, die markante industrielle Orientierung und die enge Verflechtung des Banken- und Industriesektors (auch Deutschland AG genannt), sondern auch die Kombination von zunehmend global operierenden Großunternehmen und mittelständischen Unternehmen. Letztere erweisen sich insbesondere für die Beschäftigung als zentraler Faktor der industriellen Basis, einige davon sind sogar weltweit

---

14 Vgl. MÜLLER ARMACK, ALFRED: „Soziale Marktwirtschaft", in: Handwörterbuch der Sozialwissenschaften, Bd. 6, 1956, S. 390 - 392.

15 Vgl. auch SIEBERT, HORST: Jenseits des sozialen Marktes. Eine notwendige Neuorientierung der deutschen Politik, München 2005.

Übersicht 2.1. Merkmale und Besonderheiten der Sozialen
Marktwirtschaft Deutschlands

Merkmal	Ausgestaltung	Probleme und Veränderungen
Koordination	Freie Preisbildung, Marktwirtschaftliche Wettbewerbsordnung	Staatliche Monopole werden nur langsam aufgebrochen (Post, Bahn)
Außenwirtschaft	Starke außenwirtschaftliche Orientierung	Starke Abhängigkeit von der europäischen und weltwirtschaftlichen Konjunktur
Eigentum	Privateigentum vorherrschend, soziale Bindung des Eigentums in der Verfassung verankert	Soziale Bindung des Eigentums schwer definierbar und durchsetzbar
Corporate Control	Starke Verflechtung von Banken und Industriesektor	Interessenskollisionen, „Deutschland AG" löst sich nur langsam auf
Arbeitnehmerbeteiligung	Betriebliche Mitbestimmung in größeren Unternehmen	Einige machen Mitbestimmung für unternehmerische Fehlentscheidungen verantwortlich, andere sehen in ihr eine Voraussetzung für den sozialen Frieden in Deutschland
Industriesektor und Industriepolitik	Kombination von global agierenden Unternehmen und einem ausgeprägten Sektor kleinerer und mittelständischer Unternehmen; keine aktive Industriepolitik	Großunternehmen stark auf traditionelle Bereiche des Maschinen- und Autobaus konzentriert; zu geringe Dynamik in Bereichen neuer Technologien
Sozialordnung und Sozialsysteme	Umlagefinanzierte Sozialsysteme, regulierter Arbeitsmarkt, betriebliche Mitbestimmung in größeren Unternehmen	Sozialsysteme werden durch Globalisierung und demographischen Wandel bedroht. Regulierter Arbeitsmarkt wird für hohe Arbeitslosigkeit verantwortlich gemacht
Sozialer Ausgleich und Lohnpolitik	Tarifautonomie, System sehr stark auf sozialen Ausgleich und Gerechtigkeit ausgerichtet	Hohe Lohnkosten und regulierter Arbeitsmarkt bedrohen Arbeitsplätze, Arbeitsmarkt flexibilisiert sich zu langsam
Weitere Standortfaktoren	Hohe Steuern wirken negativ, Infrastruktur und Ausbildungsniveau positiv	Steuerreform mindert Belastungen, Defizite im Ausbildungssystem verstärken Facharbeitermangel
Prozesspolitik (Makropolitik)	Hoher Stellenwert der Stabilitätspolitik, Unabhängigkeit der Bundesbank	Teilweise durch Ausgabenpolitik des Staates und Lohnpolitik unterlaufen

Quelle: Eigene Zusammenstellung

Markführer in bestimmten Segmenten. Die Tarifautonomie und die für ganze Branchen geltenden Flächentarifverträge sind zusätzliche Bestandteile des deutschen Modells. Zudem prägte Karl Schiller Ende der 1960er Jahre die Formel „Synthese von Freiburger Imperativ und keynesianischer Botschaft". Damit hielt der Keynesianismus, also die Konzeption einer antizyklischen Konjunkturpolitik, bis Anfang der 1980er Jahre Einzug in die deutsche Wirtschaftspolitik.

Die Frage, wie stark die Arbeitnehmerrechte ausgebaut werden sollten, welche Rolle dem Staat zukomme, wie die mikro- und makroökonomische Politik auszusehen habe, was wie reguliert werden solle und wie die Sozialsysteme letztlich den veränderten Rahmenbedingungen anzupassen seien, ist bis heute Gegenstand heftiger gesellschaftspolitischer Debatten. Es ist somit wichtig, konkret zu benennen, vor welchen Schwierigkeiten die Wirtschaftspolitik im Rahmen der Sozialen Marktwirtschaft steht und warum Letztere insbesondere nun, in Zeiten der Finanz- und Wirtschaftskrise, als globales Ordnungsmodell empfohlen wird.

2.2. Legitimationsproblem: Wachstum und Beschäftigung

Die provokante Frage nach dem Ende der Sozialen Marktwirtschaft stellt sich vor dem Hintergrund massiver Wachstums- und Beschäftigungsprobleme, mit denen Deutschland seit vielen Jahren zu kämpfen hat. Ist die Soziale Marktwirtschaft eine Schönwetterkonstruktion und nicht imstande, den Härtetest der Globalisierung zu bestehen? Gerade in der rasanten Globalisierungsphase ist Deutschland als größte europäische Volkswirtschaft maßgeblich für das schlechte Wachstumsergebnis des gesamten Euroraumes verantwortlich und fällt hinsichtlich seiner Wirtschaftsdynamik und Produktivität in den letzten 15 Jahren deutlich hinter den USA und den anderen angelsächsischen Ländern Großbritannien, Australien und Kanada zurück. Besonders bedrückend muss für uns dabei die Tatsache sein, dass offensichtlich der innerdeutsche Aufhol- und Konvergenzprozess zum Erliegen kam (siehe Kapitel 3).

Ein Blick auf die Wachstumskomponenten des Sozialproduktes zeigt, dass über die letzten Jahre einzig der Außenbeitrag die Konjunktur stützte, wogegen Konsum und Investitionen weitgehend daniederlagen. Während die Binnenkonjunktur (einschließlich der extrem niedrigen Nettoinvestitionen) seit Jahren lahmt, weist die deutsche Wirtschaft eine bemerkenswerte Exportdynamik auf, die steigende Leistungsbilanzüberschüsse zur Folge hatte. Erst im jetzigen Konjunkturaufschwung ziehen die Investitionen deutlich an (siehe Tabelle 2.1). Zu den ungünstigen Produktionsergebnissen kam eine enttäuschende Beschäftigungsentwicklung. Einen dramatischen Rückgang verzeichneten insbesondere die als Hauptstütze des deutschen Sozialstaates geltenden sozialversicherungspflichtigen Arbeitsverhältnisse: Obwohl von 1991 bis 2005 die Zahl der Erwerbstätigen in Deutschland von 38,6 auf 38,8 Millionen leicht stieg, sank in dieser Periode die sozialversicherungspflichtige Beschäftigung um 13 Prozent von 30,0 auf 26,2 Millionen Menschen.[16]

Schaubild 2.1. Reale Entwicklung des Bruttoinlandsproduktes von 1990 bis 2006 (BIP, Wachstumsraten im Vergleich zum Vorjahr)

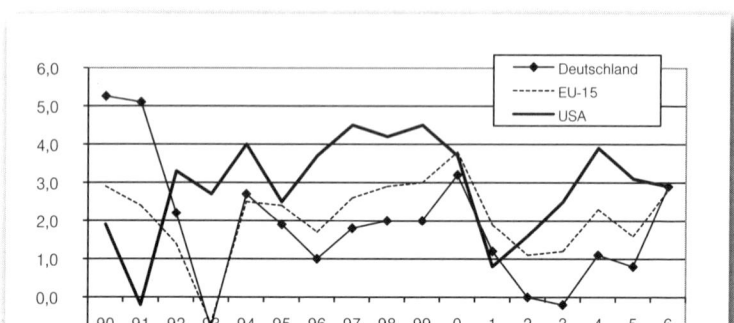

Anmerkung: Bis 1991 Westdeutschland; die neueren Wachstumszahlen der Jahre 2007 bis 2008 und der Prognosen für 2009 sind in Kapitel 4, Tabelle 4.1, dargestellt.

Quelle: *Sachverständigenrat zur Begutachtung der gesamtwirtschaftlichen Entwicklung (Hrsg.): Jahresgutachten 2007/08, Das Erreichte nicht verspielen, Wiesbaden 2007, Statistischer Anhang, Internationale Tabellen; European Commission, DG Ecfin, European Economy, Statistical Annex Spring 2007.*

Das Wachstums- und Beschäftigungsproblem ist somit für den Sozialstaat zur objektiven Bedrohung geworden. Darüber konnte auch die Aufhellung der Wirtschaftslage bis Ende 2007 nicht hinwegtäuschen, obwohl sich offensichtlich insofern eine Wende abzeichnete, als die konjunkturbereinigte Arbeitslosigkeit erstmals seit vielen Jahren sank. Die Hoffnung, auf einen mittel- und langfristig neuen Wachstumspfad einzuschwenken, hat sich angesichts der gegenwärtigen

---

16 Vgl. IAB-KURZBERICHT: Aktuelle Analysen aus dem Institut für Arbeitsmarkt- und Berufsforschung der Bundesagentur für Arbeit. Sozialversicherungspflichtige Beschäftigung, Woher kommt die Talfahrt? Ausgabe Nr. 26/28.12.2005.

Krise nicht bewahrheitet. Wo aber liegen die Ursachen für diese Wachstums- und Beschäftigungsschwäche und welche langfristigen Lösungsansätze bieten sich an?

Tabelle 2.1. Verwendung des deutschen BIP (Veränderung gegenüber dem Vorjahr in Prozent, preisbereinigt)

	2005	2006	2007	2008
Konsum insgesamt	1,0	0,9	0,4	1,7
Privater Konsum	-0,1	1,0	-0,1	1,7
Staatlicher Konsum	0,5	0,9	2,0	1,7
Bruttoanlageinvestitionen	1,0	6,1	6,1	2,6
Vorratsänderungen	0	-0,1	0,1	0
Inländische Verwendung	0,3	1,9	1,5	1,9
Außenbeitrag insgesamt (Wachstumsbeitrag)	0,5	1,1	1,2	0,2
Export	7,1	12,5	8,2	6,0
Import	6,7	11,2	6,5	6,5
BIP	0,8	2,9	2,6	1,9

Quelle: Sachverständigenrat zur Begutachtung der gesamtwirtschaftlichen Entwicklung (Hrsg.): Jahresgutachten 2007/08, Das Erreichte nicht verspielen, Wiesbaden 2007, S. 81.

Schaubild 2.2. Entwicklung der Arbeitslosigkeit in Deutschland (Arbeitslosenquote in %)

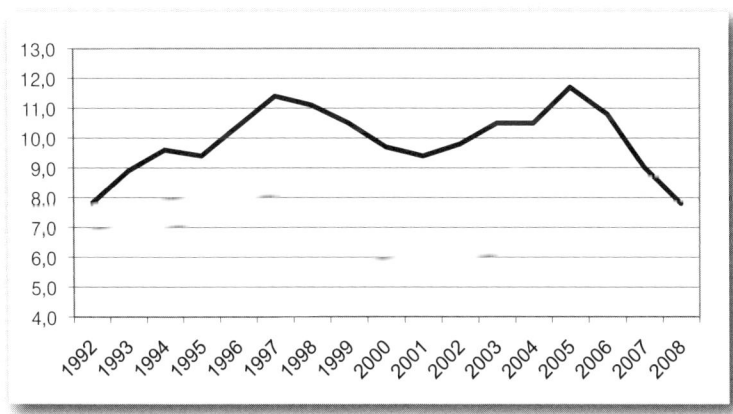

Anmerkung 1: Bis Dezember 2004: Stand am Monatsende; ab Januar 2005: Stand zur Monatsmitte. Ab Januar 2004 ohne Personen in geförderten Trainingsmaßnahmen.
Quelle: Bundesagentur für Arbeit; Prognose der Gemeinschaftsdiagnose (Okt. 2007).

2.3. Externe und interne Schocks

Wie im alltäglichen Leben werden ebenso in der Politik Schwierigkeiten und Fehlentwicklungen häufig den äußeren Rahmenbedingungen zugeschrieben. So auch der Hinweis, die wirtschaftspolitischen Schwierigkeiten Deutschlands seien auf externe und interne Schocks zurückzuführen, denen die Bundesrepublik weitaus stärker als andere Nationen ausgesetzt gewesen sei. Doch von den genannten Faktoren wie Euroeinführung, Binnenmarktprogramm, EU-Osterweiterung und deutsche Wiedervereinigung ist lediglich letztere für Deutschland spezifisch. Gemessen an verschiedenen Indikatoren, wie u. a. dem Globalisierungsindex (KOF), der sowohl ökonomische als auch politische und soziale Dimensionen umfasst, weist Deutschland trotz steigender Tendenz keine wesentlich höhere weltwirtschaftliche Verflechtung auf als vergleichbare Industrienationen. In den vergangenen Jahren ist der Wert sogar etwas rückläufig. Im Vergleich mit ausgewählten Industrienationen befindet sich Deutschland auf Rang 18 (Position 1 entspricht der stärksten Verflechtung: Belgien und Österreich).

Tabelle 2.2. KOF-Index der Globalisierung, ausgewählte Länder

	Deutschland	GB	Frankreich	Italien	Schweiz	USA
1970 - 79	58,07	63,30	57,37	51,51	73,94	60,96
1980 - 89	66,26	72,31	69,19	56,38	81,36	66,66
1990 - 99	76,67	82,43	80,33	71,45	87,48	74,64
2005	83,01	86,67	85,38	79,44	88,60	76,76

Anmerkung: Der Wert reicht von 1 bis 100. Je höher der Wert sich darstellt, desto intensiver ist die weltwirtschaftliche Verflechtung.

Quelle: Eidgenössische Technische Hochschule Zürich, ETH: „KOF Index of Globaliszation 2008", KOF Swiss Economic Institute, Press Release, Tuesday, January 8th, 2008.

Trotz des ungünstigen Umtauschkurses der D-Mark zum Euro hat Deutschland als Exportnation von der Währungsunion profitiert, denn sie garantierte stabile Wechselkurse und förderte die Vertiefung des Binnenmarktes. Sicherlich stimmt es, dass andere, vor allem kleinere und inflationsträchtige Länder, aus der Wechselkursstabilisierung und dem Rückgang der Realzinsen stärkere Vorteile ziehen konnten als die Bundesrepublik. Es ist indes übertrieben, dies als maßgeblichen Schock zu interpretieren, zumal die entstandenen Wettbewerbsnachteile durch eine moderate Lohnpolitik über die letzten Jahre – auch dank der Gewerkschaften – wieder aufgefangen wurden.

Sicherlich hatte die Osterweiterung aufgrund der engen Handels- und Wirtschaftsverflechtung für Deutschland stärkere ökonomische Konsequenzen. Doch nimmt man die Außenhandelstheorie ernst, dann sollte gerade eben diese Tatsache trotz der kurz- und mittelfristig gestiegenen Anpassungsleistungen (Kosten) zu höheren Wohlfahrtsgewinnen führen. Keuschnigg und Kohler schätzen in allgemeinen Gleichgewichtsmodellen die positiven Wohlfahrtseffekte, die sich aus der Osterweiterung langfristig ergeben, für Deutschland und Österreich auf 0.5 % bis 0.8 % des BIP (Steady-State Effect, einmaliger Niveaueffekt des Sozialproduktes).[17] Neuere Schätzungen sehen diese Effekte für Deutschland sogar bei ca. 1 % des BIP und unter Berücksichtigung der Arbeitnehmerfreizügigkeit sogar bei 1,3 % des BIP.[18]

Bis zur Bankenkrise bewies das weitaus stärker mit Ostmitteleuropa verbundene, aber dennoch prosperierende Österreich, dass die Osterweiterung für sich genommen nicht die Ursache unserer Probleme sein kann. Ähnliches gilt für die Globalisierung, die alle reicheren Industrienationen gleichermaßen trifft (siehe hierzu den Abschnitt Basarökonomie). So bleibt also letztlich nur die deutsche Wiedervereinigung als ernstzunehmender Sonderfaktor, denn ca. 4 % des westdeutschen BIP fließen seit 1991 als Transferleistungen nach Ostdeutschland und werden dort zumeist für den Konsum verwendet.

Ein Ende dieses Aderlasses ist nicht in Sicht und aus volkswirtschaftlicher Perspektive sind die Ergebnisse dieses Geldflusses mehr als enttäuschend. Die hohe Staatsverschuldung und die drückende Steuer- und Abgabenbelastung sind sicherlich zu einem beachtlichen Teil auf die Wiedervereinigung zurückzuführen. Es spricht vieles dafür, dass nicht die Tatsache der Wiedervereinigung, sondern ihre unzulängliche Bewältigung zu den gegenwärtigen Problemen beigetragen hat. Kontrovers diskutiert werden dabei nicht nur die Währungsumstellung der Mark der DDR auf die D-Mark (eins zu eins der Stromgrößen, Löhne und Gehälter) sowie die Art und Geschwindigkeit der Privatisierung, sondern auch die Finanzierung eines beachtlichen Teils der Vereinigungskosten über die Sozialsysteme und deren unveränderte Übertragung auf die Neuen Bundesländer (siehe Kapitel 3).

---

17 Vgl. KOHLER, WILHELM: Wachstumseffekte durch Osterweiterung der EU? in: ifo-Schnelldienst Nr. 14/2007, S. 3 - 10.
18 Vgl. UNTIEDT, GERHARD ET AL.: Auswirkungen der EU-Erweiterung auf Wachstum und Beschäftigung in Deutschland und ausgewählten EU-Mitgliedsstaaten, IAB-Bibiothek, Nr. 311, Nürnberg 2007, dort S. 119 - 163.

Schaubild 2.3. Veränderte Rahmenbedingungen für die deutsche Volkswirtschaft

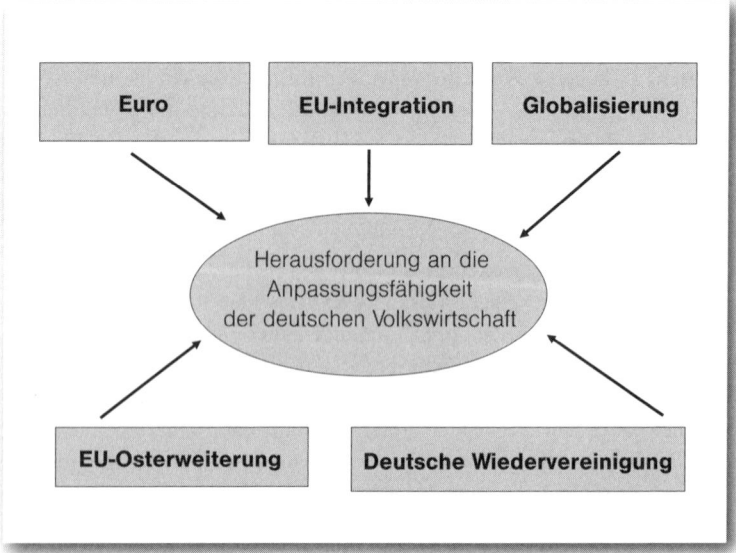

Quelle: Eigene Bearbeitung

2.4. Das Ende des Sozialstaates?

Stellen Wiedervereinigung, Globalisierung und Osterweiterung das Soziale der deutschen Marktwirtschaft zunehmend in Frage? Neue Armutsstudien, die Teile der deutschen Bevölkerung in die soziale Armut abrutschen und eine neue dauerhafte Unterschicht, das sogenannte „Prekariat", entstehen sehen, nähren die Befürchtungen vor allem des linken politischen Spektrums, dass der deutsche Sozialstaat als wesentliches Element der Sozialen Marktwirtschaft zu erodieren droht.[19] Angesichts der Tatsache, dass die Höhe des Sozialbudgets 2009 754 Mrd. Euro beträgt, also ca. 30 Prozent des Sozialproduktes umfasst, mag diese Aussage eher provokant erscheinen, zumal im sozialen Bereich noch immer eine beachtliche Umverteilung wirksam ist. Vor diesem Hintergrund wird die These bestätigt, dass nicht das Sozialsystem für die wachsende Armut verantwortlich ist, sondern die Ursachen in dem geringen Wirtschaftswachstum und der Beschäftigungsmisere zu suchen sind.

---

19 Vgl. NEUGEBAUER, GERO: Politische Milieus in Deutschland. Die Studie der Friedrich Ebert Stiftung, Bonn 2007.

Schaubild 2.4. Höhe der deutschen Sozialausgaben in Relation zur Wirtschaftsleistung

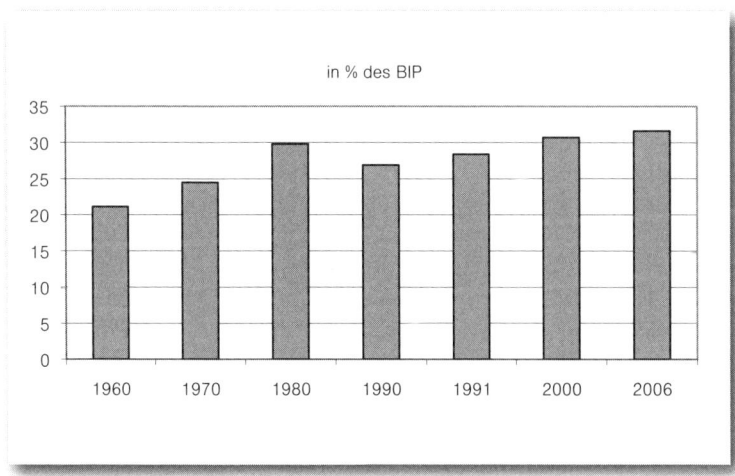

Anmerkung: 1990 Deutschland West, 1991 Gesamtdeutschland.
Quelle: Sachverständigenrat zur Begutachtung der gesamtwirtschaftlichen Entwicklung (Hrsg.): Jahresgutachten (verschiedene Jahrgänge).

Umgekehrt kritisiert die konservative Seite den Sozialstaat als überzogen und fordert dringend einschneidende Korrekturen, die auch wegen der demographischen Entwicklung (Überalterung) geboten seien.[20] Dabei wird ein generelles Zurückschneiden des Sozialstaates ebenso gefordert wie eine Änderung der Sozialsysteme, damit größere Anreize zur Selbstvorsorge (Kapitaldeckung in der Rentenversicherung) und Arbeitsaufnahme (bei der Arbeitslosenversicherung) wirksam werden. Letztlich geht es dabei auch um die Entlastung des Produktionsfaktors Arbeit, der den Hauptbeitrag zur Finanzierung der Sozialversicherungen beisteuert. Seine übermäßige Belastung schadet der internationalen Wettbewerbsfähigkeit der deutschen Wirtschaft und vor allem der Beschäftigung. Nicht anders ist zu erklären, dass Deutschland im Vergleich mit anderen entwickelten Industrieländern bei den gering Qualifizierten die höchste Rate an Arbeitslosen aufweist. Die nahezu endlose Debatte über die Reduktion der Lohnnebenkosten (vor allem des Arbeitgeberanteils) sowie die „kleinen Schritte" in diese Richtung begleiten den deutschen Bürger seit Ende der 1980er Jahre.

---

20 Vgl. MIEGEL, MEINHARD: Die deformierte Gesellschaft: Wie die Deutschen ihre Wirklichkeit verdrängen, Berlin 2004.

Die Agenda 2010 und die Politik der Großen Koalition (2005-2009) sind ganz entscheidend von diesem Paradigma geprägt. Alle Versuche, die Lohnnebenkosten zu senken, waren und sind nur begrenzt erfolgreich, denn erreicht wird lediglich die Stabilisierung bzw. geringfügige Minderung des bestehenden Belastungsniveaus. So wird ein Teil der Mehrwertsteuererhöhung 2007 zur Senkung der Beitragssätze zur Sozialversicherung und damit der Arbeitskosten verwendet. Bereits jetzt zeichnet sich eine stärkere Finanzierung der Sozialsysteme über Steuermittel ab, da höhere staatliche Zuschüsse für das Gesundheitssystem vorgesehen sind. In der Alterssicherung werden durch Anpassung der Rentenformel und Anhebung des Renteneintrittsalters die Abgabensätze zwar stabilisiert, jedoch um den Preis einer faktischen Mindestrente. Ohne zusätzliche private Absicherung werden vor allem die Renten der Geringverdiener vielfach nur das Sozialhilfeniveau erreichen oder bei unterbrochenen Erwerbsbiographien sogar darunter liegen.

Ob die Arbeitsmarktreformen (Hartz I bis IV) tatsächlich zu effizienteren Arbeitsvermittlungen führen und die Anreize zur Arbeitsaufnahme auch Wirkung zeigen, wurde anfänglich vielfach bezweifelt. Die günstige Entwicklung auf dem Arbeitsmarkt der letzten Jahre legt jedoch die Annahme nahe, dass positive Effekte eingetreten sind. In der Gesundheitsreform musste die Große Koalition das Kunststück vollbringen, die völlig unterschiedlichen Konzepte miteinander zu verbinden. Welche Effekte sie auslösen wird, ist noch weitgehend offen, doch sind Beitragserhöhungen im Vorfeld der Reform vorgenommen worden. Klar ist allerdings, dass damit nur eine Zwischenstufe erreicht wird, was nichts anderes heißt, als dass die Gesundheitsreform schon jetzt als unzureichend angesehen wird.[21] Doch sind die Sozialsysteme das einzige Wettbewerbsproblem, mit dem Deutschland zu kämpfen hat?

---

21 Vgl. Tagung der Akademie für Politische Bildung Tutzing und der Klinik Höhenried vom 8. bis 9. Dezember 2006 sowie die Tagung „Die Gesundheitsreform der Großen Koalition auf dem Prüfstand" vom 29. bis 30. Januar 2007.

Kasten 2.1. Kontroverse über Mindestlöhne

Tagung der Akademie für Politische Bildung vom 17.-18.10.2008
„Mehr oder mehr gute Arbeit? Erfahrungen in anderen Ländern und Konsequenzen für Deutschland"

Die nachlassende Tarifbindung, die größere Ungleichheit der Einkommen und die Zunahme des Niedriglohnsektors sowie der Armut lassen die Frage aufkommen, ob nicht der Staat die Löhne aufstocken und die Unternehmerseite Mindestlöhne zahlen soll. In der kontroversen Debatte geht der Blick auch ins Ausland – zum Beispiel nach Großbritannien, wo der Mindestlohn eine lange Tradition hat. Kann der britische Mindestlohn Vorbild für Deutschland sein?

„Man führt einen Mindestlohn nicht ein, damit es keine Unterstützung mehr durch den Staat gibt, sondern um auf dem Arbeitsmarkt bestimmte Wettbewerbsstrukturen zu schaffen. Es geht um die Lohnverteilung im unteren Bereich", sagte Gerhard Bosch vom Institut Arbeit und Qualifikation an der Universität Duisburg-Essen. „Am britischen Mindestlohn kann man sehen, wie man etwas politisch durchsetzt." Die paritätische Besetzung der 1997 eingerichteten Low Pay Commission (LPC) mit je drei Gewerkschaftern, Unternehmern und Wissenschaftlern („keine Verbandsdelegierte, sondern unabhängige Persönlichkeiten") sei sehr klug gewesen und habe die Festlegung der Mindestlöhne „entpolitisiert". Zudem könnten keine negativen Beschäftigungseffekte nachgewiesen werden. „Die Mehrheit der britischen Ökonomen hat ihre Meinung zum Mindestlohn geändert", so Gerhard Bosch.

Großbritannien sei nur bedingt als Vorbild für Deutschland geeignet, hielt Wolfgang Ochel vom Ifo-Institut dagegen. Zwar könne man von dem Einführungsprozess und der Handhabung des Mindestlohnes lernen, darin stimme er Gerhard Bosch zu. Jedoch seien die Evaluierungsergebnisse über Beschäftigungseffekte mit Hilfe „quasi-experimenteller Ansätze" nicht übertragbar. Ein Vergleich der institutionellen Gefüge zeige starke Unterschiede. Hier nannte Wolfgang Ochel beispielsweise die hohe Arbeitsmarktflexibilität, die geringe Grundsicherung und die relativ geringe Abgabenbelastung in Großbritannien. In Deutschland sei dies genau umgekehrt.

Da man nicht wisse, wie ein gesetzlicher Mindestlohn in verschiedenen Arbeitsmarktsegmenten wirke, plädierte Wolfgang Ochel dafür, Armut nicht über eine Lohnanhebung, sondern über die Grundsicherung und das Steuersystem zu bekämpfen. „Es ist wunschenswert, dass jeder von seiner Arbeit leben können soll, aber über den Mindestlohn ist das nicht zu verwirklichen", betonte er und sprach sich stattdessen für eine entsprechende Aus- und Weiterbildungspolitik, Kombilöhne und Aktivierungsmaßnahmen aus. Das Ifo-Institut bevorzuge deshalb ein Kombilohnmodell, das mit Beschäftigungsanreizen verbunden sei.

Auszug aus dem Tagungsbericht: „Mindestlohn und Flexibilität am Arbeitsmarkt" von Andrea Kargus/Wolfgang Quaisser, in: Akademie Report, Akademie für Politische Bildung Tutzing, Nr. 1/2009, S. 20-22.

2.5. Hat Deutschland ein Wettbewerbsproblem?

Nach Auffassung der Wirtschaftsverbände und liberaler Ökonomen ist die mangelhafte Wettbewerbsfähigkeit des Standortes Deutschland für das enttäuschende Wirtschaftswachstum verantwortlich. Obwohl der Ansatz, Nationen anhand ihrer „Wettbewerbsfähigkeit" zu bewerten, in eine falsche Richtung führen kann[22], hat er im Kontext der Globalisierung zunehmend seine Berechtigung.

Der Wettbewerb auf den Gütermärkten geht – so lautet im Kern diese These – infolge der Globalisierung mit einem intensiveren Standortwettbewerb um die immer mobileren Produktionsfaktoren (insbesondere des Kapitals) einher.

Die Attraktivität eines Landes oder einer Region wird für in- und ausländische Investoren nicht nur durch die Tarifparteien (Löhne), sondern auch maßgeblich durch die staatliche Politik (Lohnnebenkosten, Steuersätze, Infrastruktur) bestimmt. Anhand dieser Indikatoren lässt sich nachweisen, dass der Wirtschaftsstandort Deutschland vor allem bis Mitte der 1990er Jahre im internationalen Vergleich eher ungünstig aufgestellt war. Dies gilt insbesondere für die zentralen Größen wie Arbeitskosten (weltweit die dritthöchsten) und Unternehmenssteuersätze (die höchsten in der EU). Unter Berücksichtigung der Produktivität relativiert sich dieses Bild nur etwas, denn die Lohnstückkosten lagen etwa 10 Prozent über dem Durchschnitt der anderen Industrieländer und sind im internationalen Vergleich die fünfhöchsten.

Allerdings hat Deutschland im Laufe der letzten Jahre seine Wettbewerbsposition deutlich verbessern können. So sind die Lohnstückkosten in Deutschland seit Mitte der 1990er Jahre gesunken, die Arbeitszeiten haben sich erhöht und der Arbeitsmarkt zeichnet sich durch etwas mehr Flexibilität aus. Dagegen gelten die deutsche Arbeitsmarktregulierung sowie das Steuersystem noch immer im internationalen Vergleich als überladen und intransparent. Grundlegende Korrekturen und weitreichende Reformen wurden daher in diesen Bereichen auch seitens der Großen Koalition (2005 - 2009) als unumgänglich betrachtet, doch tatsächlich ist wenig geschehen. Zudem ist eine weitere Absenkung der hohen deutschen Unternehmenssteuersätze angesichts des EU-weiten und internationalen Wettbewerbs sowie wegen der begrenzten Möglichkeiten einer Steuerharmonisierung kaum zu vermeiden. Hilfreich wäre auch eine Vereinfachung des Steuersystems, was bei niedrigeren nominellen Steuersätzen nicht niedrigere effektive Besteuerung bedeuten müsste.

---

22 Vgl. KRUGMAN, PAUL: The Obsession of Competitiveness, in: Foreign Affairs, March/April 1994.

Schaubild 2.5. Entwicklung der industriellen Arbeitskosten je Stunde
(Arbeiter und Angestellte) im internationalen Vergleich

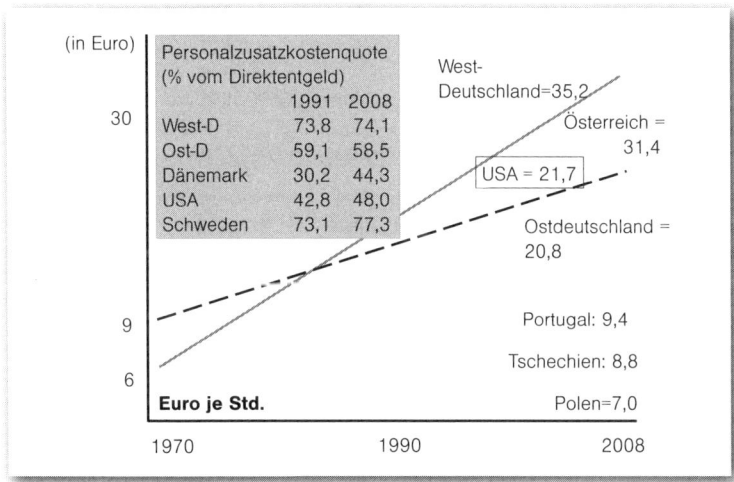

Anmerkung: Personalzusatzkostenquote = Personalzusatzkosten in % des Direktentgelds je geleisteter Arbeitsstunde.

Quelle: Christoph Schröder: Industrielle Arbeitskosten im internationalen Vergleich, in: IW Trends, Nr. 3/2009. Institut der deutschen Wirtschaft Köln.

Schaubild 2.6. Schematische Darstellung des globalen Wettbewerbs

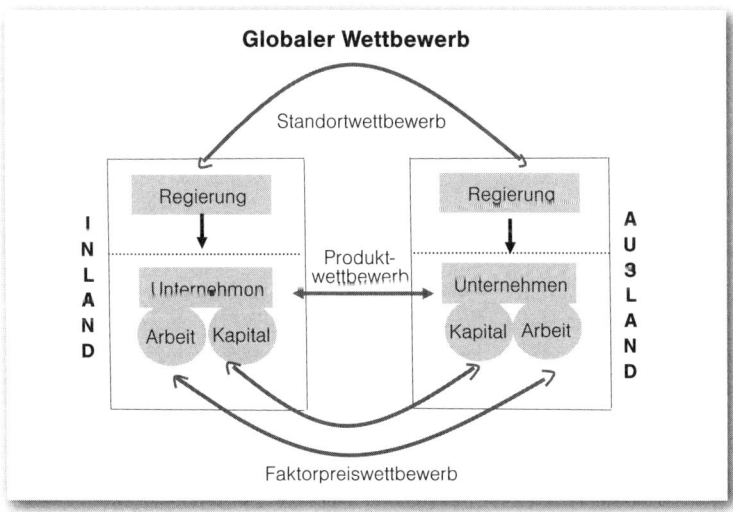

Quelle: Eigene Bearbeitung

Die internationale Erfahrung zeigt zudem, dass niedrigere Steuersätze nicht unbedingt geringere Einnahmen zur Folge haben, da die vielen Strategien zur Steuervermeidung für große Konzerne unattraktiv werden.

Tabelle 2.3. Der Globale Wettbewerbsindex (GWI) des World Economic Forum 2008 - 2009
(Rangposition 1 = beste Position von 131 Ländern)

	GWI-Bewertung insgesamt	Basisvoraussetzungen	Effizienzverstärkende Faktoren	Faktoren der Innovation und Perfektion
Deutschland	7	7	11	4
Frankreich	16	13	16	14
Japan	9	26	12	3
Finnland	6	1	13	5
Schweden	4	6	9	6
Österreich	14	9	20	12
USA	1	22	1	1
GB	12	24	4	17
Australien	18	15	10	22

Anmerkung: in die einzelnen Bewertungen eingehende Faktoren:
– Basisvoraussetzungen: Institutionen, Infrastruktur, makroökonomische Stabilität, Gesundheit und Grundausbildung;
– Basisvoraussetzungen: Höhere Bildung und Ausbildung, Effizienz von Güter und Faktormärkten; technologisches Niveau, Marktgröße;
– Faktoren für Innovation und Perfektion: Unternehmenseffizienz, Innovationen.

Quelle: World Economic Forum: The Global Competitiveness Report 2008 - 2009, Geneva and New York 2008, S. 12 - 13.

Doch lässt sich die Standortwettbewerbsfähigkeit nicht nur anhand ausgewählter Indikatoren (Löhne, Steuern etc.) beschreiben. Werden nämlich andere (u. a. infrastrukturelle und institutionelle) Aspekte berücksichtigt, dann fällt das Ergebnis für Deutschland deutlich besser aus. So zeigen aggregierte Indizes, die zur Bestimmung der Standortqualität eines Landes dienen, dass Deutschland insgesamt nicht schlecht aufgestellt ist (Rangposition 7 von 134 Nationen).[23]

---

23 Vgl. WORLD ECONOMIC FORUM: The Global Competitiveness Report 2008 - 2009, Geneva and New York 2008, S. 11.

Als herausragend wird Deutschland in den Sub-Indices in den Bereichen Infrastruktur (Platz 1) und Erfahrenheit der Unternehmen („business sophistication" Platz 1) bewertet. Der deutsche Arbeitsmarkt wird indes noch immer als zu inflexibel angesehen. Aber offensichtlich sind diese Bewertungen nur begrenzt aussagefähig, denn statistische Untersuchungen im Ländervergleich erkennen keinen klaren Zusammenhang zwischen den Wettbewerbsindizes und dem Wirtschaftswachstum.[24] Hier schließt sich unmittelbar die Frage an, inwieweit Deutschland überhaupt von der Globalisierung und der Osterweiterung profitiert?

Kasten 2.2. Deutschland im Steuerwettbewerb mit den neuen EU-Mitgliedsländern

Im Zuge der Osterweiterung und Globalisierung ist der internationale Steuerwettbewerb verstärkt in die Diskussion geraten. Tatsächlich unterscheiden sich die Steuersysteme in den neuen Mitgliedsländern zum Teil deutlich von denen der Altmitglieder. Charakteristisch ist eine niedrigere ertragsteuerliche Belastung von Kapitalgesellschaften, während die Belastung des Faktors Arbeit durch Sozialabgaben höher liegt. Gleichzeitig haben diese Länder jedoch die indirekte Besteuerung angehoben, so dass insgesamt, mit Ausnahme der Slowakei, die Steuer- und Abgabenquote weitgehend unverändert geblieben ist und sich dem EU-Durchschnitt annähert. Die Gefahr eines Steuerwettlaufs nach unten ist damit nicht zu erkennen. Die neuen Mitglieder folgen eher einem Trend zur Umstrukturierung des Steuersystems in Richtung mehr indirekter und weniger direkter Steuern. Die Mehrwertsteuersätze liegen in den EU-5-Ländern alle (bis auf Tschechien) über dem deutschen Niveau.

Die Kritik am verschärften Standortwettbewerb richtet sich vor allem gegen einen angeblich „unfairen" Steuerwettbewerb, insbesondere gegen die geringen Gewinnsteuern. Allerdings können niedrige Steuersätze in diesen Ländern nicht per se als unfair erachtet werden, zumal mit der Verringerung der Steuersätze auch eine Verbreiterung der steuerlichen Bemessungsgrundlagen und die Beseitigung von Ausnahmeregelungen einhergehen. Zudem wirkt der Beitritt selbst einem „Steuerdumping" entgegen, da sich, nicht zuletzt auf Bestreben Deutschlands, die EU-Mitgliedstaaten einem Verhaltenskodex zur Bekämpfung des unfairen Wettbewerbs unterworfen haben.

Quelle: Knogler, Michael/Quaisser, Wolfgang: Europäischer Steuerwettbewerb: Steuern und Sozialabgaben in Ostmitteleuropa, Kurzanalysen und Informationen Nr. 37, Februar 2009.

---

24 Vgl. OCHEL, WOLFGANG/RÖHN, OLIVER: Ranking of Countries: the WEF, IMD, Fraser and Heritage Indices, in: CESifo DICE-Report: Journal for Institutional Comparisons, Bd. 4/2006, S. 48 - 60.

2.6. Deutschland, eine Basarökonomie?

Auf der offensichtlichen Diskrepanz zwischen Wachstumsschwäche einerseits und hoher, sich in beachtlichen Exporterfolgen widerspiegelnder internationaler Wettbewerbsfähigkeit andererseits, gründet sich die These des Münchener Ökonomen Hans-Werner Sinn, Deutschland habe sich zu einer „Basarökonomie" entwickelt.[25] Seine zentrale These lautet, dass nicht die deutschen Unternehmen ihre Wettbewerbsfähigkeit verloren haben, sondern angesichts fast 5 Millionen Erwerbsloser im Jahr 2005 offensichtlich die deutschen Arbeitsplätze. Die im vorherigen Abschnitt angesprochene Relativierung, dass die Arbeitskosten in Relation zur Produktivität in Deutschland nicht deutlich höher lägen, stellt sich

Schaubild 2.7. Outsourcing im Vergleich zu Offshoring nach Ostmitteleuropa (2000) am Beispiel deutscher Firmen

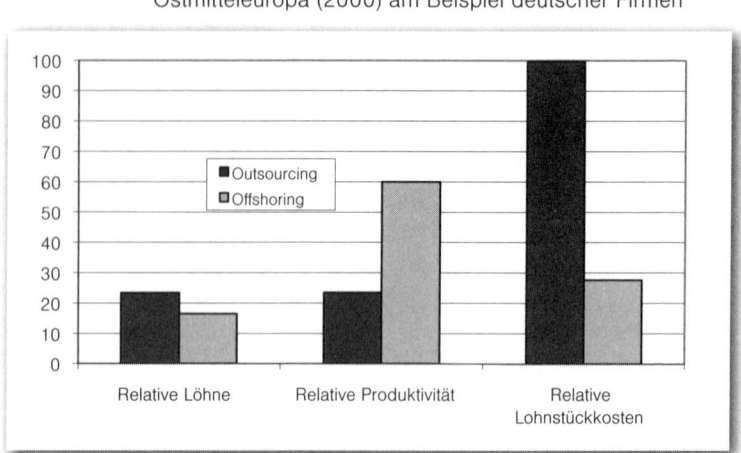

Anmerkung: Outsourcing: Produktionssparten werden von Unternehmen aufgegeben und die Erzeugnisse von ausländischen Unternehmen aus Ostmitteleuropa zugekauft. Die Berechnungen basieren jeweils auf makroökonomischen Daten, d. h. gesamtwirtschaftlich durchschnittliche Löhne, Produktivität und Lohnstückkosten in Relation zu denjenigen in den MOE-Ländern; Offshoring: die Produktion wird in ausländische Tocherfirmen in den MOE-Ländern verlagert; Die Berechnungen basieren hier auf mikroökonomischen Daten von Löhnen, Produktivität und Lohnstückkosten der Mutterunternehmen in Relation zu den Tochterfirmen in den MOE-Ländern.

Quelle: Daniela Marin: „A new international Division of Labor", Discussion Paper 2005 - 17, Department of Economics, LMU München, September 2005, S. 4.

---

25 SINN, HANS-WERNER: Die Basarökonomie. Deutschland: Exportweltmeister oder Schlusslicht? Berlin 2005; SINN, HANS-WERNER: Ist Deutschland noch zu retten? München 2005.

in einem anderen Licht dar, wenn man die Lohnstückkosten für ausländische Tochterfirmen berücksichtigt. Schaubild 2.7. zeigt, dass die Lohnstückkosten in den östlichen EU-Nachbarländern zwar nicht gesamtwirtschaftlich, jedoch im Vergleich zwischen deutschen Mutterunternehmen und den ausländischen Tochterfirmen deutlich niedriger liegen.[26]

Hintergrund dieser Überlegungen ist, dass infolge der Osterweiterung und Globalisierung sowie unter Berücksichtigung Chinas und Indiens fast 45 % der Weltbevölkerung potentiell ihre Arbeitskraft der Weltwirtschaft zu deutlich niedrigeren Löhnen als in den Industrieländern zur Verfügung stellen. Im Zusammenspiel von Handel, Direktinvestitionen und zunehmend auch Wanderungsbewegungen wirkt das Gesetz vom Ausgleich der Faktorpreise – d. h. auch der Löhne – mit eiserner Gesetzmäßigkeit und setzt vor allem den weniger qualifizierten Bereich des Arbeitsmarktes unter Druck. Sinken die Löhne nicht absolut oder zumindest relativ (bei ausreichendem Wirtschaftswachstum), dann ist hohe Arbeitslosigkeit vor allem in diesen Segmenten des Arbeitsmarktes – wie im Falle Deutschlands – die unausweichliche Folge.

Die deutschen Unternehmen haben ihrerseits zunehmend ihre arbeitsintensive Produktion durch Offshoring (Direktinvestitionen in Billiglohnländern) oder Outsourcing (Zulieferungen aus dem Ausland) ins Ausland verlagert und sich dadurch ihre internationale Wettbewerbsfähigkeit erhalten. Mit der deutlichen Abnahme der Fertigungstiefe, insbesondere im verarbeitenden Gewerbe, also durch Offshoring und Outsourcing, löse sich jedoch „die Werkbank (Produktion) vom Tresen (Verkauf)". Nicht die neue internationale Arbeitsteilung sei – so Hans-Werner Sinn – für die Misere in Deutschland verantwortlich, sondern die mangelnde Anpassungsfähigkeit des deutschen Wirtschaftssystems, insbesondere des Arbeitsmarktes.

Bei mehr Flexibilität würden zum einen immer weniger Unternehmen ihre Fertigungsstätten in Niedriglohnländer verlagern, zum anderen entständen durch den Strukturwandel neue Arbeitsplätze in anderen Wirtschafts- und Dienstleistungszweigen. Genau dies geschehe aber nur unzureichend. Mit dem Export als einzigen Wachstumsmotor führe diese kostensparende Auslagerungsstrategie der Produktion darüber hinaus zu einer Überspezialisierung auf Exportsektoren und zu einem „pathologischen" Exportboom. Die dadurch erzeugten hohen Leistungsbilanzüberschüsse bedeuten aber nichts anderes als Nettokapitalexporte, die Konsum (u. a. in den USA) oder Investitionen in anderen Ländern finanzierten. Die extrem niedrige

---

26 Vgl. MARIN, DANIELA: „A new international Division of Labor", Discussion Paper 2005 - 17, Department of Economics, München, September 2005, S. 3-4.

Nettoinvestitionsquote von 2,5 % in den vergangenen Jahren spiegele diese Situation deutlich wider.

Schaubild 2.8. Schematische Darstellung der Wirkungen der Globalisierung

```
Globalisierung, Osterweiterung und Arbeitsmarkt:
Druck auf weniger qualifizierte Segmente steigt

    [Handel]      [Direktinvestitionen]      [Migration]
                         ↓
                  Löhne und/oder
                  Arbeitslosigkeit

            Reallokation der Ressourcen
         Wachstums- und Wohlfahrtseffekte/
            Temporäre Anpassungsprobleme
```

Quelle: Eigene Bearbeitung

Die These von der „Basarökonomie" wird unter Wirtschaftswissenschaftlern kontrovers diskutiert. So sehen die einen in Produktionsauslagerungen und Exportboom nicht ein Problem, sondern eine Möglichkeit, dem zunehmenden Druck der Globalisierung standzuhalten und sich weiterhin erfolgreich in der Weltwirtschaft zu behaupten. Andere wiederum zweifeln an der Wirksamkeit des Faktorpreisausgleichtheorems, da viele „hausgemachte" Standortfaktoren die Produktivität beeinflussen. Hans-Werner Sinn sieht hier jedoch nur eine tendenzielle, über Jahrzehnte sich hinziehende Entwicklung. Nach Ansicht vieler Ökonomen ist die Freisetzung von Arbeitskräften in weniger qualifizierten Bereichen vor allem das Ergebnis des sogenannten endogenen technischen Fortschritts (d. h. technischer Innovationen).[27]

---

27 Vgl. hierzu PFLÜGER, MICHAEL: „Die These vom pathologischen Exportboom – Einige kritische Anmerkungen", in: ifo-Schnelldienst Nr. 1/2006, Sonderausgabe: „Der pathologische Exportboom", S. 19-23.

Ein Absinken der Löhne sei vor dem Hintergrund der Globalisierung weder zu rechtfertigen noch geeignet, die Arbeitsmarktprobleme zu lösen. Empirisch wird argumentiert, dass ein Absinken der vom Außenhandel erwirtschafteten Nettowertschöpfung statistisch nicht feststellbar sei, d. h. trotz sinkender Fertigungstiefe würde dank des deutschen Außenhandelsüberschusses die Wertschöpfung steigen. Auch sei keine massive Arbeitsplatzverlagerung infolge deutscher ausländischer Direktinvestitionen festzustellen, denn diese seien in ihrer überwiegenden Mehrzahl „horizontal" auf die Erschließung lokaler Märkte ausgerichtet.[28]

Entgegenzuhalten ist aber diesem Argument, dass mit zunehmender weltweiter Integration und vor allem infolge des europäischen Binnenmarktes die Markterschließung an Bedeutung verliert. Entscheidend ist nicht nur der absolute Verlust an Arbeitsplätzen durch Produktionsverlagerungen, sondern gleichzeitig auch die nur unzureichende Schaffung neuer Arbeitsplätze durch Exportsteigerungen und Strukturwandel. Volkswirtschaftliche Simulationsberechnungen zeigen, dass Beschäftigung und Löhne durch die gesamtwirtschaftlichen Wachstumseffekte der Osterweiterung sogar steigen (Löhne je nach Szenario um 0,5 % bis 0,8 %; Beschäftigung je nach Szenario um 1,4 % bis 1,7 %).[29] In der Realität fielen in der Phase der Osterweiterung und zunehmenden Globalisierung das Wirtschaftswachstum und die Beschäftigungszunahme jedoch enttäuschend aus. Dies legt die Vermutung nahe, dass nicht die neuen Formen der internationalen Arbeitsteilung, sondern doch eher binnenwirtschaftliche Gründe für die Probleme verantwortlich sind.

2.7. Wachstums- und Beschäftigungseffekte durch Osterweiterung und Globalisierung

Die klassische ökonomische Theorie und insbesondere die Außenhandelstheorie gehen davon aus, dass zunehmende außenwirtschaftliche Verflechtungen auch für die EU zu steigenden Realeinkommen führen. Dabei treten statische (verbesserte Allokation) und dynamische Effizienzgewinne (höhere Investitionen und somit Wachstum) auf. Die Effizienzgewinne sind dann am größten, wenn Volkswirtschaften mit unterschiedlichen Einkommensniveaus sich integrieren.

---

28 Einen Überblick über diese Diskussion gibt der ifo-Schnelldienst Nr. 1/2006, Sonderausgabe: „Der pathologische Exportboom", ifo-Institut München 2006.
29 Vgl. UNTIEDT, GERHARD ET AL.: Auswirkungen der EU-Erweiterung auf Wachstum und Beschäftigung in Deutschland und ausgewählten EU-Mitgliedsstaaten, IAB-Bibiothek, Nr. 311, Nürnberg 2007, dort S. 119 - 163.

Dies würde im Falle der Osterweiterung zutreffen. Die Verteilung zwischen den Regionen bestimmt sich durch die Terms of Trade. Die neue Außenhandelstheorie, die im Zusammenhang mit dem Binnenmarktprogramm eine besondere Bedeutung erlangt hat, prognostizierten weitere positive Effekte (intensiverer Wettbewerb, keine Preissegmentierung etc., siehe unten).[30]

Da es sich bei der Osterweiterung um eine regionale Integration handelt, sind positive Wohlfahrts- und Wachstumseffekte nur dann zu erwarten, wenn die handelsschaffenden und handelsausweitenden Effekte die handelsumlenkenden Effekte übersteigen (Theorie der Zollunion).[31] Überprüfbar wäre dies, wenn die Einfuhren innerhalb der EU und gegenüber Drittländern steigen. Zudem stellen sich dann keine statischen Allokationseffekte ein, wenn der Außenzoll niedriger ist als die Kostendifferenz zwischen der EU und Drittländern. Im Falle der EU als vergleichsweise große Zollunion ist anzunehmen, dass die handelsumlenkenden Effekte eher gering sind, d. h. die handelsschaffenden Effekte überwiegen werden.

Im Zuge der Integration erwartet die Theorie eine Angleichung der Löhne und Kapitalrenditen zwischen den Regionen (Faktorpreisausgleichstheorem). Damit würde sich in der EU die Einkommensverteilung ändern. Selbst beim Ricardo-Modell käme es zu kurzfristigen Anpassungskosten (sinkende Löhne oder höhere Arbeitslosigkeit) in Branchen, die zunehmenden Importen ausgesetzt sind. Gemäß der Heckscher-Ohlin-Außenhandelstheorie, die den Handel nach Nationen mit der relativen Verfügbarkeit unterschiedlicher Produktionsfaktoren (Arbeit und Kapital) erklärt, und der Standorttheorie für Direktinvestition würde sich die Einkommensverteilung zuungunsten der Arbeitnehmer, insbesondere der weniger qualifizierten verändern. Bei rigiden Löhnen müsste die Arbeitslosigkeit in diesen Bereichen steigen. Für die MOE-Länder wäre der entgegengesetzte Prozess zu erwarten.

Handel und Faktorbewegungen stellen in der Theorie weitgehende Substitute für den Ausgleich der Faktorpreise dar. Mit einem Kapitaltransfer aus der EU in die MOE-Länder würde die Kapitalrendite steigen und Arbeit sich verbilligen. Ein Zufluss von Arbeitskräften aus den MOE-Ländern würde den gleichen Effekt auslösen. In einem gemeinsamen Markt (Zollunion und Mobilität der Produktionsfaktoren) würde tendenziell der Ausgleich der Faktorpreise sich über den Güterhandel und über Kapital-

---

30 Vgl. hierzu QUAISSER, WOLFGANG/HARTMANN, MONIKA/HÖNEKOPP, ELMAR/BRANDMEIER, MICHAEL: Die Osterweiterung der Europäischen Union: Konsequenzen für Wohlstand und Beschäftigung in Europa, Internationale Politikanalyse, Friedrich Ebert Stiftung, Bonn 2000, S. 13 - 24.

31 KRUGMAN, PAUL/OBSTFELD, MAURICE: International Economics, Theorie and Policy. New York 1991.

transfers herstellen. Der Grund hierfür ist, dass die Transaktionskosten der Arbeitskräftewanderungen höher einzuschätzen sind.

Gibt man einige restriktive Annahmen der traditionellen Theorie auf, dann sind die Prognosen weitaus weniger eindeutig. Die neuere Außenhandelstheorie geht von steigenden Skalenerträgen bei größer werdenden Märkten aus. Größere Märkte erlauben Produktdifferenzierungen und Effizienzgewinne, die eine raschere Angleichung der Einkommen ermöglichen. Die Effekte auf den Arbeitsmarkt wären neutral. Gibt man die Annahme gleicher Technologien in den Integrationsräumen (was angesichts der Situation in den MOE-Ländern geboten erscheint) auf, dann können Außenhandel und Direktinvestitionen in die gleiche Richtung wirken, d. h. die relative Entlohnung der Produktionsfaktoren würde sich auch in diesem Fall nicht ändern.[32]

Angleichung der Faktoreinkommen und wirtschaftliche Konvergenz im Zuge der Integration sind nicht zu erwarten, wenn die MOE-Länder langfristig als Peripherie zu den industriellen Zentren der EU bestehen bleiben. In einem solchen Falle entstünden die Integrationsgewinne vorrangig auf Seiten der EU, wobei gleichzeitig das hohe Einkommensgefälle und der Migrationsdruck bestehen blieben. Theoretisch denkbar ist ein solches Szenario, da durch vorhandene Industrieansiedlungen externe Effekte entstehen, die wiederum den Zuzug weiterer Industrien begünstigen. Fehlende attraktive Märkte als Magnet für Industrieansiedlungen und infrastrukturelle Defizite würden diese Gefahr noch verstärken. Die EU-Integration dürfte indes mit den erheblichen Transferzahlungen, die auf die Verbesserung der Infrastruktur und regionalen Wirtschaftsstruktur ausgerichtet sind, gerade diesen Tendenzen entgegenwirken. Allerdings könnte es zu einer stärkeren Differenzierung innerhalb Ostmitteleuropas kommen.

Im Laufe der letzten zwei Jahrzehnte ist zu beobachten, dass die neuen EU-Mitgliedsländer aus Mittel- und Osteuropa nach der ersten Transformationskrise einen beachtlichen Konvergenzprozeß durchlaufen haben, der zu einem deutlichen Anstieg der Reallöhne geführt hat. Gleichzeitig flossen in diese Länder hohe ausländische Direktinvestitionen. Schätzungen gehen davon aus, dass die EU-Integration für die MOE-Länder einen Wohlstandseffekt von ca. 5% bis 10% (einmaliger Niveaueffekt) ermöglichte, wogegen er für Deutschland auf ca. 1% bis 2% geschätzt wird. Insgesamt wird auch von positiven Beschäftigungswirkungen in Ost- und Westeuropa

---

32 Vgl. BRÜCKER, HERBERT ET AL: The impact of eastern enlargement on employment and labour markets in the EU member states, Part A, Berlin 2000, S. 3 - 9.

Kasten 2.3. Grenzregionen nach der EU-Erweiterung

Tagung der Akademie: Grenzregionen nach der EU-Erweiterung:
Am 21. April 2009 fand in Regensburg eine Außentagung der Akademie für Politische Bildung Tutzing in Kooperation mit dem Osteuropa-Institut Regensburg und der EU-Kommissionsvertretung in München zur Problematik der Grenzregionen statt. Ziel der Tagung war es, die Auswirkungen der EU-Osterweiterung auf die Grenzregionen zu bewerten.

Zwar gingen die meisten Experten von positiven Wirkungen der Erweiterung auf die deutsche Volkswirtschaft aus, doch in der Bevölkerung, aber auch in Teilen der Politik, war sie mit Ängsten und Vorbehalten verbunden. Besonders von der Gewährung der Arbeitnehmerfreizügigkeit sowie der Liberalisierung des Dienstleistungsverkehrs wurden negative Beschäftigungseffekte erwartet. Vor allem die Grenzregionen befürchteten aufgrund ihrer räumlichen Nähe massiven Druck auf die heimischen Arbeitsmärkte. Nicht zuletzt deshalb hatte sich Deutschland für Übergangsregelungen bei der Arbeitnehmerfreizügigkeit eingesetzt und diese dann auch eingeführt.

Die geladenen Experten bestätigten die Befürchtungen nicht. Nach fünf Jahren zeigt sich, dass Regionen im bayerisch-tschechischen Grenzraum durchaus zu den Gewinnern der Osterweiterung zählen. Sie profitieren von einer größeren Verflechtung mit ihren Nachbarregionen und können grenzüberschreitende Wirtschaftspotentiale besser nutzen. Negative Effekte auf den Arbeitsmarkt waren nicht zu beobachten, im Gegenteil, einige Regionen waren sogar in der Lage, ihre Arbeitslosigkeit drastisch zu reduzieren. Größerer Migrationsdruck sei nicht festzustellen und auch weiterhin, insbesondere aus Tschechien, nicht zu erwarten. Positive Wirkungen gingen zudem von EU-finanzierter grenzüberschreitender Wirtschaftsförderung aus.

Auf der abschließenden Podiumsdiskussion zum Thema „Europa der Regionen" wurden die regionalen Ansätze der europäischen Integration in einem breiteren Kontext diskutiert. Diskussionsteilnehmer waren die bayerische Staatsministerin für Europa- und Bundesangelegenheiten, Emilia Müller, der tschechische Generalkonsul Karel Boruvka und Miguel Avila Albez von der EU-Kommission. Ein Kernpunkt der Diskussion war die offensichtliche Diskrepanz zwischen öffentlicher Akzeptanz der Europäischen Union einerseits und der Bedeutung der Union für die europäische Politikgestaltung andererseits. Gerade im Vorfeld der Europawahlen galt es, die zentrale Rolle der EU deutlich zu machen, um sich aktuellen und globalen Problemen zu stellen. Als herausragende Beispiele wurden die Umwelt- und Energiepolitik sowie Maßnahmen gegen die Finanz- und Wirtschaftskrise genannt.

Auszug aus dem Tagungsbericht: „Grenzregionen nach der EU-Erweiterung" von Wolfgang Quaisser, in: Akademie-Report, Akademie für Politische Bildung, Nr. 3/2009, S. 27.

ausgegangen. Die Lohndifferenzierung ist in Deutschland wie auch in ganz Europa geringer ausgeprägt als in den USA, doch hat sie zugenommen. Es ist wissenschaftlich nicht eindeutig geklärt, ob die Globalisierung und Osterweiterung oder der endogene wissenschaftliche Fortschritt hierfür entscheidend waren. Wahrscheinlich ist jedoch, dass beide Effekte gleichzeitig wirkten und den Druck auf den Arbeitsmarkt verstärkten. Doch auch in den MOE-Ländern hat die Lohndifferenzierung zwischen qualifizierter und wenig-qualifizierter Arbeit zugenommen. Es werden keine weiteren dramatischen Effekte durch die völlige Arbeitnehmerfreizügigkeit im Dienstleistungsbereich erwartet. Besonders für die deutsche Politik ist die Frage relevant, welche Auswirkungen die Osterweiterung auf die Grenzregionen hatte bzw. haben wird (vgl. Kasten 2.1.).

2.8. Sind wir besser, als wir glauben?

Um die Wachstums- und Beschäftigungsschwäche zu erklären, zielt ein konträrer Standpunkt auf die makroökonomischen Rahmenbedingungen und die staatliche Wirtschaftspolitik. Für eine Minderheit der deutschen Ökonomen steht der Würzburger Wirtschaftswissenschaftler Peter Bofinger.[33] Er argumentiert keynesianisch und versucht, Zuversicht zu vermitteln. Im Gegensatz zu Hans-Werner Sinn sieht er in der restriktiven Geldpolitik der Europäischen Zentralbank (EZB), deren geldpolitisches Konzept der Geldmengensteuerung von den deutschen „Stabilitätsgläubigen" Hans Tietmeyer und Otmar Issing maßgeblich beeinflusst wurde, eine wesentliche Ursache für die anhaltende Konjunkturschwäche im Euroraum und insbesondere in Deutschland.

Übersicht 2.2. Welche Länder haben den Euro eingeführt und wann?

1999	Belgien, Deutschland, Irland, Spanien, Frankreich, Italien, Luxemburg, Niederlande, Österreich, Portugal, Finnland
2001	Griechenland
2002	Einführung der Euro-Banknoten und Münzen
2007	Slowenien
2008	Zypern und Malta
2009	Slowakei

---

33 Vgl. BOFINGER, PETER: Wir sind besser, als wir glauben – Wohlstand für alle, München 2005. Ähnlich argumentiert: FLASSBECK, HEINER/SPIECKER, FRIEDERIKE: Das Ende der Massenarbeitslosigkeit, Mit richtiger Wirtschaftspolitik die Zukunft gewinnen, Frankfurt/Main 2007.

Tietmeyer und Issing seien zudem für die restriktive Geldpolitik der Bundesbank verantwortlich gewesen, die nicht nur die Zinsen in der ersten Hälfte der 1990er Jahre nach oben getrieben, sondern damit auch das Erstarken der D-Mark verursacht haben, was zu einem äußerst ungünstigen Wechselkurs zum Euro führte (Fixierung der Wechselkurse 1999, Bargeldeinführung 2001). Der ebenfalls von den Deutschen initiierte Stabilitäts- und Wachstumspakt, der das Defizit des Staatshaushaltes auf 3 % und den gesamtstaatlichen Schuldenstand auf 60 % des BIP begrenzt, würde zudem den Handlungsspielraum für eine antizyklische staatliche Wirtschaftspolitik einschränken. Auch sei aufgrund der zurückhaltenden Lohnpolitik die gesamtwirtschaftliche Nachfrage in Deutschland zusätzlich geschwächt worden. Übersehen wird bei dieser Argumentation aber, dass die Lohnzurückhaltung wesentlich zur Senkung des realen Wechselkurses und damit zur Wettbewerbsfähigkeit der Industrie beigetragen hat. Letztlich wird eine Revision des Stabilitätspaktes gefordert, um der EZB hinsichtlich der Zinspolitik und den nationalen Regierungen bei der Ausgabenpolitik mehr Spielraum zu gewähren.[34]

Dem Einwand, expansive Geldpolitik könne nur konjunkturelle Schwankungen ausgleichen, begegnen Keynesianer damit, dass Nachfrageimpulse auch langfristige Wachstumstrends positiv beeinflussen können. Als Kritiker der Zinspolitik der EZB gelten ebenfalls einige renommierte angelsächsische Ökonomen.[35] Sie halten die europäische Geldpolitik für zu passiv und den Stabilitätspakt für zu restriktiv. Tatsächlich ist zu beobachten, dass die Federal Reserve der USA oder die Bank of England weitaus aggressiver auf Konjunkturschwankungen reagieren und die staatliche Ausgabenpolitik antizyklisch einsetzen. Vor allem Alan Greenspan hat diese Politik zunächst äußerst erfolgreich praktiziert. Aber es gibt auch andere Erfahrungen. So hat Japan über ein Jahrzehnt mittels Niedrigzinspolitik und staatlicher Konjunkturprogramme erfolglos versucht, die anhaltende Stagnation zu durchbrechen. Erst langsam hellt sich dort seit 2003 das Konjunkturklima auf. Das japanische Beispiel zeigt, dass auch strukturelle Bedingungen maßgeblich die Wirksamkeit einer Konjunkturpolitik bestimmen.

---

34 Vgl. BOFINGER, PETER: „The Stability and Growth Pact Neglects the Policy Mix between Fiscal and Monetary Policy", „Should the European Stability and Growth Pact be changed?", in: Intereconomics, January/February 2003, S. 4-7; die einseitige Angebotsorientierung der gegenwärtigen Wirtschaftspolitik kritisiert auch GUSTAV HORN/RIETZLER KATJA: „Forcierte Angebotspolitik löst keinen zusätzlichen Investitionsschub aus, ein Zyklenvergleich", in: Institut für Markoökonomie und Konjunkturforschung, IMK-Report, Nr. 24/November 2007.

35 Stellvertretend genannt sei hier nur der Gründer der Theorie des optimalen Währungsraumes, ROBERT MUNDELL: „Die EZB überzeugt mich nicht", Interview mit ihm in Cicero, März 2007, S. 84.

Schaubild 2.9. Finanzierungssaldo des Staates und Schuldenstand Deutschlands in % des BIP (nach „Maastricht-Abgrenzung")

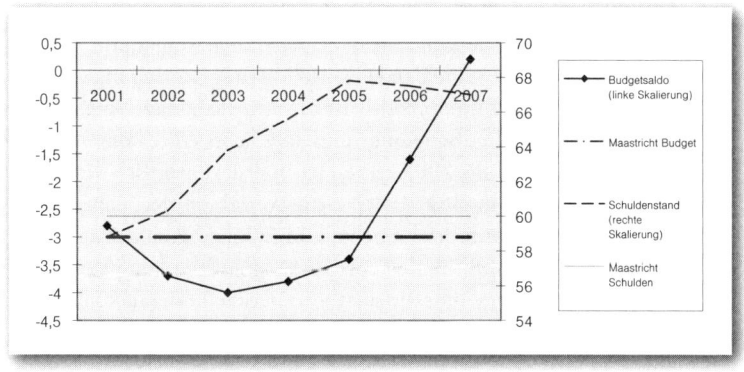

Anmerkung: Neuere Zahlen zur dramatisch ansteigenden Verschuldung im Zuge der Wirtschaftskrise befinden sich in Kapitel 4.
Quelle: *Deutsche Bundesbank, Monatsbericht Dezember 2007, S. 54*

Die Geldpolitik in der Eurozone muss vor folgendem Hintergrund gesehen werden: Zunächst ist verständlich, dass die EZB als neu gegründete Institution ohne ausgewiesene Reputation eine sehr vorsichtige Zinspolitik betreiben musste und gemäß ihrer Statuten ohnehin das Stabilitätsziel als primäre Aufgabe anzusehen hat. Hinzu kommt, dass sich die Eurozone immer noch durch recht unterschiedliche Wirtschaftsstrukturen, Inflations- und Konjunkturentwicklungen auszeichnet. Eine unmittelbare Koordinierung der Geld- und Fiskalpolitik – u. a. eine Niedrigzinspolitik und staatliche Ausgabenpolitik zur Konjunkturankurbelung – ist deshalb weitaus schwieriger, denn der Stabilitätspakt setzt nur eine recht grobe Regelbindung voraus. Ferner wirkt der „Transmissionsmechanismus" geldpolitischer Entscheidungen auf die Kreditvergabe und letztlich auf die Realwirtschaft insbesondere in Deutschland weitaus indirekter und zeitverzögerter als in den angelsächsischen Ländern. Dies erklärt, warum die EZB in ihrer Geldpolitik weniger aggressiv auf Konjunkturschwankungen selbst des wichtigsten Landes der Eurozone reagiert.

Hinsichtlich der Bedeutung und Notwendigkeit des Stabilitätspaktes sollte Folgendes in Erinnerung gerufen werden: Ohne eine klare anti-inflationäre Stabilitätsorientierung seitens der Währungsunion hätte Deutschland die D-Mark nicht aufgegeben. Da die Fiskalpolitik noch in nationaler Verantwortung liegt, ist nur eine grobe Regelbindung denkbar. Zudem wird die deutsche Stabilitätskultur durch Forschungsergebnisse unterstützt, wonach mittel- und langfristig stabile Staatsfinanzen zu einem lang anhaltenden

Wachstum wesentlich beitragen. Genau dies sieht der Stabilitätspakt vor, der im Übrigen insbesondere in seiner modifizierten Form kein „Kaputtsparen" in einer Rezessionsphase impliziert. Die Nichteinhaltung der Maastricht-Kriterien durch Deutschland war maßgeblich nicht der schlechten Konjunkturentwicklung geschuldet, sondern auf fehlende Konsolidierungsanstregungen in der Vergangenheit zurückzuführen. Positiv ist zu vermerken, dass Deutschland im Zuge des Konjunkturaufschwungs und angesichts einer konsequenten Budgetpolitik von 2005 bis 2007 seine Haushaltslage deutlich verbessert hat und das gegen Berlin eingeleitete Defizitverfahren der Kommission nunmehr eingestellt wurde (siehe Schaubild 2.9.). Abgesehen davon ist die keynesianische konjunkturelle Feinsteuerung äußerst kompliziert. Ihr Konzept beinhaltet zudem, dass die staatliche Verschuldung in konjunkturellen Aufschwungphasen wieder abgebaut wird, was in der Vergangenheit aus politischen Gründen fast nie realisiert wurde. Die gegenwärtige Stabilitätskultur ist angesichts der traditionellen Inflationsmentalität in vielen Ländern der Eurozone ein ungeheuerer Fortschritt, der zudem durch den Wegfall von Wechselkursrisiken ergänzt wird. Da Deutschlands Ausfuhren überwiegend in den Euroraum gehen, müssen deshalb bedeutsame Wachstumseffekte unterstellt werden. Wenn also makroökonomische Gründe die Wachstumsprobleme nur unzureichend erklären können, dann stellt sich die Frage nach deren tiefer liegenden institutionellen Ursachen.

2.9. Aufstieg und Niedergang von Nationen

Warum fallen erfolgreiche Länder nach einiger Zeit wirtschaftlich zurück, während schwächere Länder umso rascher aufholen? Warum hat sich die Wirtschaft der USA, aber vor allem Großbritanniens, nach dem Zweiten Weltkrieg enttäuschend entwickelt im Gegensatz zu den Kriegsverlierern Deutschland und Japan? Der bekannte amerikanische Ökonom Mancur Olsen beantwortete diese Frage in den 1980er Jahren im Kern damit, dass partikulare Interessensgruppen, die über einen – ihrer tatsächlichen gesellschaftlichen Stellung nicht entsprechenden – überproportionalen politischen Einfluss verfügen, und die so in der Lage seien, die Wirtschaftspolitik ihres Landes maßgeblich zu beeinflussen.[36] Diese verteilungspolitischen Koalitionen setzten auf Kosten der Mehrheit höhere Steuern und stärkere Regulierung durch, was ein geringeres Produktivitätswachstum und höhere Arbeitslosigkeit zur Folge hatte.

---

36 Vgl. OLSEN, MANCUR: Aufstieg und Niedergang von Nationen, Tübingen 1985.

Die fehlende Anpassungsfähigkeit des Wirtschaftssystems, d. h. die Unfähigkeit zum institutionellen Wandel, bewirke Olsen zufolge zwangsläufig die Stagnation eines Landes. Während mit dem Sieg im Zweiten Weltkrieg die verteilungspolitischen Koalitionen in den USA und Großbritannien gestärkt worden seien, habe die Niederlage Deutschlands und Japans solche Interessensgruppen zerschlagen und so den enormen Aufholprozess beider Nationen begründet. Die These lautet, dass im Laufe der Nachkriegsjahre in Deutschland und Japan ein Wiedererstarken solcher Interessensgruppen stattgefunden habe, wogegen Margaret Thatcher und Ronald Reagan diese beseitigen und somit die Wirtschaft deregulieren konnten. Bezeichnenderweise nahmen der Demokrat Bill Clinton und der Sozialdemokrat Tony Blair die marktwirtschaftlichen Deregulierungen ihrer Vorgänger nicht zurück und konnten von einem beachtlichen Aufschwung in den 1990er Jahren profitieren.

Schaubild 2.10. Vergleich der langfristigen Entwicklung des Bruttonationaleinkommens, Pro Kopf zwischen einzelnen Ländergruppen (1950 - 2004), gewichteter Durchschnitt (USA = 100)

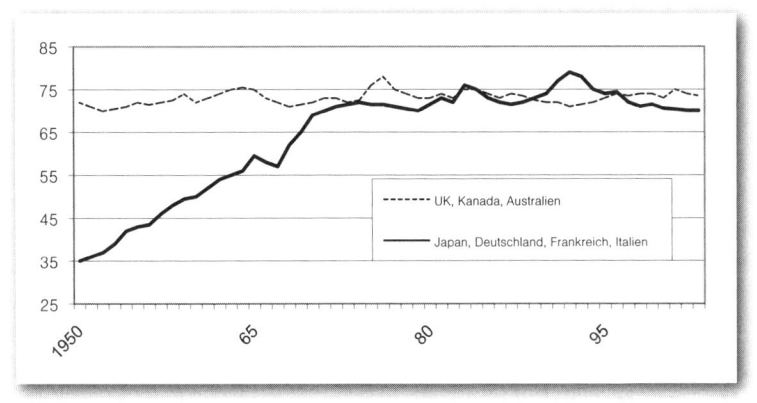

Quelle: OECD

Der amerikanische Ökonom Adam Posen[37] und einer der Chefkommentatoren der Financial Times, Wolfgang Münchau[38], sind dezidiert der Meinung, dominante verteilungspolitische Koalitionen hielten Deutschland in ihrem Griff. Dabei werden neben besonderen Faktoren (deutsche Einheit, demographische Entwicklung) die inflexiblen Angebotsstrukturen für das unbefriedigende

---

37 Vgl. POSEN, ADAM: Reform in a Rich Country, Institute for International Economics, 2005.
38 Vgl. MÜNCHAU, WOLFGANG: Das Ende der sozialen Marktwirtschaft, München 2006.

Wachstum in Deutschland verantwortlich gemacht. Im Kern zielt ihre Kritik auf den „Rheinischen Kapitalismus", also die „Deutschland AG", dem Netzwerk von Arbeitgeberverbänden, Banken, Gewerkschaften und Politik. Diese „vorkapitalistische Vetternwirtschaft" behindere eine dynamische Anpassung an die neuen Rahmenbedingungen der Globalisierung. Im Zentrum der Kritik stehen dabei viele „heilige Kühe" der Sozialen Marktwirtschaft. Der als Rückgrat der deutschen Wirtschaftskraft gerühmte Mittelstand wird eher als Problem angesehen, da die Eigentümerstruktur, also das typische Familienunternehmen, effizienteres Wirtschaften behindere. Das deutsche Universalbankensystem, einschließlich der Privilegierung der öffentlichen Sparkassen, das in den 1980er Jahren hoch gelobt wurde, sei nicht nur im Niedergang begriffen, sondern verlangsame die dynamische Umstrukturierung der Wirtschaft. Zu Starrheit und Verfilzung auf der Angebotsseite käme zudem eine Wirtschaftspolitik, die seit Jahrzehnten nicht mehr auf dem neuesten Stand der wissenschaftlichen Forschung beruhe.

Die Kritik umfasst sowohl mikroökonomische als auch makroökonomische Aspekte. Der inflexible Arbeitsmarkt bilde lediglich die Kehrseite einer nicht anpassungsfähigen Geldpolitik. Die Alternative sei die Marktwirtschaft ohne Adjektiv, die nicht unsozialer sein müsse. Da das System zu verkrustet sei, könne dieses Ziel weder durch Reformen, noch durch einen Generationswechsel, sondern nur durch eine große Krise erreicht werden. Diese sei denkbar als Globalisierungsschock, also in Form eines dramatischen Verlustes der Wettbewerbsfähigkeit oder als Liquiditätsschock, d. h. durch zu geringes Wachstum verursachte Zahlungsunfähigkeit des Staates bzw. der Sozialversicherungssysteme. Letzteres hält Münchau für wahrscheinlicher. Sollte eine solche Krise eintreten, so könne sie insofern produktiv genützt werden, als die Deutschen endlich den Markt akzeptierten, d. h. sich von der Sozialen Marktwirtschaft ab- und dem „sozialen" Markt zuwenden. Doch müssen sich die Deutschen wirklich von ihrem spezifischen Ordnungsmodell verabschieden und eine „marktwirtschaftliche Revolution" durchführen, um ihre Wirtschaftsprobleme in den Griff zu bekommen? Wie realistisch ist ein solches Szenario und ist dieses tatsächlich erstrebenswert? Vor dem Hintergrund der Finanz- und Wirtschaftskrise erfahren angelsächsisches und deutsches Modell durchaus eine neue Bewertung (vgl. Kapitel 4).

2.10. Mehrdimensionale Gründe für die Wachstumsschwäche

Lange Zeit hat die Politik in Deutschland den Eindruck vermittelt, man habe sich mit niedrigem Wirtschaftswachstum sowie hoher Arbeitslosigkeit abgefunden und es gehe nun im Wesentlichen darum, die Verlierer mit Hilfe der Sozialversicherungssysteme zu kompensieren. Dieser grundlegenden Haltung entsprechend sind Lösungen wie Frühverrentung und Arbeitszeitverkürzung verfolgt worden, die sich als fundamentale Irrtümer erwiesen haben und die infolge der Wachstumsschwäche und der abnehmenden Zahl der Erwerbstätigen zusehends ihre Finanzierungsgrundlage verloren haben. Die Subventionierung hoher Arbeitslosigkeit ist aber zutiefst unsozial, weil lang anhaltende Arbeitslosigkeit – dies belegen viele empirische Studien – mit extrem negativen sozialen Konsequenzen einhergeht.[39]

Die noch immer beachtliche Umverteilung und soziale Absicherung in der Bundesrepublik belegen, dass der Sozialstaat als wesentlicher Teil der Sozialen Marktwirtschaft nicht am Ende ist. Die Sozialsysteme müssen jedoch den neuen Rahmenbedingungen, die die demographische Entwicklung und die Finanzknappheit schaffen, angepasst und die Anreize so gesetzt werden, dass sie Wachstum und Beschäftigung nicht entgegenstehen. Das enttäuschende deutsche Wirtschaftswachstum ist durch die Kombination von makro- und mikroökonomischen sowie politisch-ökonomischen Faktoren zu erklären. Sonderfaktoren wie die deutsche Einheit und demographische Entwicklungen (zunehmende Alterung beeinflusst das Wachstum negativ) spielen dabei ebenso eine Rolle, wie wirtschafts- und sozialpolitische Fehler (einseitige Finanzierung der Sozialsysteme durch den Faktor Arbeit) sowie inflexible Strukturen auf den Arbeits- und Kapitalmärkten (einschließlich Fehlregulierungen), die eine Anpassung an die sich rasch ändernden Rahmenbedingungen verzögerten. Dazu beigetragen haben nicht zuletzt auch politische Faktoren, u. a. unser föderales System, das politische Entscheidungsprozesse verlangsamt und manchmal ganzlich blockiert.[40]

---

39 Einen Überblick über die Thematik und verschiedene Studien gibt: MOHR, GISELA: Psychosoziale Folgen von Erwerbslosigkeit – Interventionsmöglichkeiten, in: Aus Politik und Zeitgeschichte, Beilage zur Wochenzeitschrift „Das Parlament", Nr. 40-41/29.09.2008.
40 Vgl. ZIMMERMANN, KLAUS F.: (2006), S. 17 - 18.

3. Ostdeutschlands Transformation als Sonderweg[41]

Wie in Kapitel 2 beschrieben ist die Wiedervereinigung bis zu der 2008 einsetzenden Finanz- und Wirtschaftskrise der einzige für die Bundesrepublik spezifische „externe Schock" und hat möglicherweise die Wachstums- und Beschäftigungsschwäche der deutschen Volkswirtschaft mit verursacht. Um Erfolge, aber auch Irrtümer und Fehlentwicklungen der Vereinigungspolitik aufzuzeigen, lohnt es sich, die Entwicklung Ostdeutschlands im Vergleich zu anderen Transformationsstrategien des östlichen Europas genauer zu analysieren. Zwanzig Jahre nach dem Mauerfall und der Transformation vom Sozialismus zur Marktwirtschaft bieten sich im Jahr 2009 für eine solche Bilanz an.

3.1. Transformationskrise in Ostdeutschland und Ostmitteleuropa

Die Enttäuschungen über die ostdeutsche Wirtschaftsentwicklung sind groß. Die Westdeutschen beklagen die immensen Transferleistungen. Von 1990 bis 2009 beliefen diese sich netto auf 1600 Mrd. Euro, d. h. auf einen Betrag von ca. 4 bis 5 % des westdeutschen BIP, jährlich zwischen ca. 70 und 90 Mrd. Euro (2005: ca. 76,6 Mrd. Euro ca. 3,7 % des westdeutschen und ca. 27,3 % des ostdeutschen BIP).[42] Die Stagnation im wirtschaftlichen Konvergenzprozess, wesentlich mit verursacht durch die Rückführung der überdimensionierten Bauwirtschaft, wird mit Ernüchterung zur Kenntnis genommen.

Trotz enormer infrastruktureller Aufbauleistung nimmt die Migration aus den ostdeutschen Regionen eher zu. Vielfach sind diese bereits zu Abwanderungsgebieten geworden, in denen der Weg in den Westen

---

41 In leicht veränderter Version wurde der Text am 9.11.2005 im Rahmen der „Mittwochsgesellschaft" des Bundespräsidenten a. D. Dr. Richard von Weizsäcker vorgetragen und in: SCHMIDT, HELMUT/VON WEIZSÄCKER, RICHARD (Hrsg.): Innenansichten aus Europa, Die neue Mittwochsgesellschaft, Band 4, München 2007, sowie in: WEBER, JÜRGEN (Hrsg.): Illusionen, Realitäten, Erfolge. Zwischenbilanz zur deutschen Einheit, München 2006, veröffentlicht.

42 Vgl. SCHRÖDER, KLAUS: Ostdeutschland 20 Jahre nach dem Mauerfall – Eine Wohlstandsbilanz, Gutachten für die Initiative Neue Soziale Marktwirtschaft, Forschungsverbund SED-Staat, FU Berlin 2009, S. 88.

oftmals die einzige Chance vor allem für junge Menschen ist, in Lohn und Brot zu kommen und sich eine neue Existenz aufzubauen. Seit der deutschen Wiedervereinigung (von 1991 bis 2008) hat die Bevölkerungszahl in den ostdeutschen Flächenländern um 2,1 Millionen Erwerbspersonen abgenommen. Hierfür war nicht nur die Nettoabwanderung vor allem jüngerer Geburtsjahrgänge, sondern auch ein gravierendes Geburtendefizit verantwortlich.[43] Zwar entstanden Inseln hoher und höchster Produktivität, sogenannte industrielle Leuchttürme, doch in der Breite verläuft die ostdeutsche Wirtschaftsentwicklung enttäuschend.

Markant sind nach wie vor die Unterschiede in Ostdeutschland zwischen produziertem und verteiltem Volkseinkommen. Die Differenz lag im Jahr 2000 bei einem Viertel. Positiv ist zu bewerten, dass sich dieses Leistungsbilanzdefizit bis 2008 auf etwa 10 % des ostdeutschen BIP vermindert hat.[44] Trotz eines bemerkenswerten, vor allem industriellen Strukturwandels hängen die neuen Bundesländer am Tropf der westdeutschen Wirtschaft. Manche Ökonomen warnen sogar vor einer reinen Transferökonomie bzw. einem neuen Mezzogiorno ohne überschaubare Perspektive für ein selbsttragendes Wachstum.[45] Warum stagniert die Wirtschaft in den neuen Bundesländern, während sie in den östlichen Nachbarländern dynamisch wächst? Können wir etwas von Ostmitteleuropa lernen? Dies sind die zentralen Fragen, mit denen sich das folgende Kapitel beschäftigt.

Zwanzig Jahre nach dem Fall der Mauer wird deutlich, dass die Vereinigung der beiden deutschen Gesellschaften weitaus schwieriger verläuft, als der anfängliche nationale Überschwang es wahrhaben wollte. In der breiten Öffentlichkeit greift Ratlosigkeit um sich. Der westdeutsche Durchschnittsbürger zeigt sich in Umfragen angesichts fortlaufender Transferzahlungen und der damit verbundenen steuerlichen Belastung sowie wegen des Wahlverhaltens seiner ostdeutschen Mitbürger frustriert/ irritiert etc. Umgekehrt fühlt sich ein beachtlicher Teil der Ostdeutschen

---

43 Vgl. zu der demografischen Entwicklung Ostdeutschlands: HÜLSKAMP, NICOLA: Blühende Landschaften oder leere Einöde? – Demografische Probleme in den neuen Bundesländern, in: Wirtschaftsdienst, Zeitschrift für Wirtschaftspolitik, 87. Jahrgang, Heft 5, Mai 2007, S. 296-308, sowie RAGNITZ, JOACHIM: Demografische Entwicklung in Ostdeutschland: Tendenzen und Implikationen, in: DIW: Vierteljahreshefte zur Wirtschaftsforschung, Vol 78, Nr. 2, Berlin 2009, S. 110-121.

44 Vgl. RAGNITZ, JOACHIM: Ostdeutschland heute: Viel erreicht, viel zu tun: in: ifo-Schnelldienst, 62. Jahrgang, Nr. 18/2009, S. 4.

45 Vgl. SINN, HANS-WERNER: Ist Deutschland noch zu retten? München 2005, S. 259-310.

als Bürger 2. Klasse.[46] Zunehmend wird die ostdeutsche Misere auch für die schlechte gesamtwirtschaftliche Lage in Deutschland verantwortlich gemacht. Selbst bei Politikern und Wirtschaftsexperten macht sich Ernüchterung breit. Nicht selten wird fast erstaunt der Blick nach Ostmitteleuropa gerichtet. In den neuen Mitgliedstaaten der Europäischen Union boomt die Wirtschaft, denn die Investitionen ziehen an und die Exporte expandieren. Nicht selten wird von Produktionsverlagerungen aus Deutschland in diese Länder berichtet. Allerdings hat die Region 2009 im Zuge der Wirtschafts- und Finanzkrise mit einem besonders starken Wirtschaftseinbruch zu leiden.

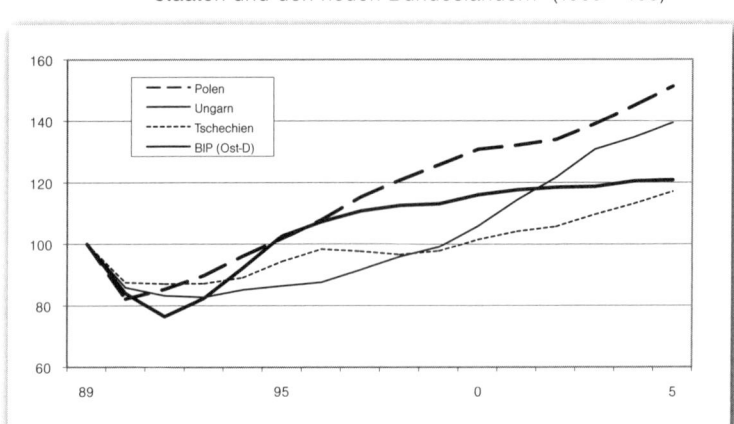

Schaubild 3.1. Entwicklung des BIP (real) in den neuen EU-Mitgliedsstaaten und den neuen Bundesländern* (1989 = 100)

Anmerkung: ohne Berlin. Für Ostdeutschland fehlt das Jahr 1990, doch ist auf Basis der umfangreichen Arbeit von Gerhard Heseke, der die Daten der Volkswirtschaftlichen Gesamtrechnung der DDR und BRD auf Basis der westlichen Berechnungsmethoden kompatibel gemacht hat, ein Vergleich des BIP-Niveaus der ostdeutschen Länder zwischen 1989 und 1991 möglich.

Quellen: ECE, Economic Commission for Europe, Economic Survey of Europe, No. 2/2005, United Nations, Geneva 2005; Heseke, Gerhard: Bruttoinlandsprodukt, Verbrauch und Erwerbstätigkeit in Ostdeutschland, Köln 2005, S. 92; Statistisches Bundesamt.

Tabelle 3.1. und Schaubild 3.1. veranschaulichen die Wachstumstrends und die wichtigsten ökonomischen Kennziffern. So liegt das BIP in den östlichen Nachbarländern in Polen und Ungarn vor der Finanz- und Wirtschaftskrise

---

46 Vgl. KLEIN, ANNA: Ost-westdeutsche Integrationsbilanz, in: Aus Politik und Zeitgeschichte, Beilage der Wochenzeitschrift „Das Parlament", Nr. 28/06.07.2009.

im Jahr 2005 ca. 40 % bis 50 % über dem Stand von 1989 (d. h. vor der Transformationskrise), dagegen erreicht das BIP in Ostdeutschland und Tschechien nur um 20 % über diesem Niveau. Der Vergleich des Nationalprodukts vor und nach der Transformationskrise ist zwar aufgrund statistischer Bewertungsprobleme nur bedingt aussagekräftig, doch spricht die Trendentwicklung ab Mitte der 1990er Jahre eine deutliche Sprache: Ostdeutschland wächst langsam, Ostmitteleuropa dagegen dynamisch. Welche Ursachen sind für diese unterschiedliche Entwicklung verantwortlich?

Tabelle 3.1. Wirtschaftswachstum 2004 - 2007

	BIP in % der	Wachstum des BIP in %		
	EU-25	2005	2006	2007
Polen	2,1	3,6	6,1	6,5
Ungarn	0,8	4,1	3,9	2,5
Tschechien	0,7	6,5	6,4	5,5
Slowakei	0,3	6,0	8,3	8,5
Slowenien	0,2	4,1	5,7	5,5
Litauen	0,2	7,6	7,5	7,2
Lettland	0,1	10,2	11,9	9,0
Estland	0,1	10,5	11,4	8,5
Beitrittsländer	4,5	4,9	6,2	6,0
Ostdeutschland	2,4	-0,2	3,0	2,9

Quelle: Sachverständigenrat zur Begutachtung der Gesamtwirtschaftlichen Entwicklung, Jahresgutachten 2005; EBRD Transition Report 2007; Institut für Wirtschaftsforschung Halle, Wirtschaft im Wandel, Nr. 1/2008.

3.2. Ursache der divergierenden Entwicklungen

3.2.1. Ostmitteleuropa:
Kopie des deutschen Nachkriegsmodells

Ostmitteleuropa und Ostdeutschland standen zu Beginn des vergangenen Jahrzehnts vor ähnlich dramatischen Aufgaben, nämlich der Transformation von der Plan- zur Marktwirtschaft, der Bewältigung externer Schocks (Zusammenbruch des Rats für gegenseitige Wirtschaftshilfe, RGW), sowie der Umstrukturierung und Öffnung ihrer Wirtschaft. Dabei variierten die kommunistischen Staaten allerdings hinsichtlich des Ausmaßes ihrer makroökonomischen Ungleichgewichte, da die aufgestaute und offene Inflation sowie die Auslandsverschuldung in der DDR und CSSR geringer ausfielen als in Polen und Ungarn. Zudem war der Grad ihrer zentralisierten wirtschaftlichen Entscheidungsstruktur unterschiedlich hoch. Während die DDR und CSSR noch als typische zentrale Planwirtschaften gelten konnten, waren in Polen und vor allem Ungarn verschiedene Formen dezentraler Steuerung zugelassen. Dennoch unterschied sich nur Ostdeutschland von allen übrigen Ostblockstaaten in drei wesentlichen Punkten:

(1) Die Länder Ostmitteleuropas verfügten über keinen „großen reichen Bruder".

(2) Sie konnten und mussten durch dramatische Abwertung die Wettbewerbsfähigkeit ihrer Wirtschaft sichern.

(3) Sie waren obendrein angehalten, eine harte Geld- und Fiskalpolitik zu betreiben, um den inflationären Gefahren zu begegnen.

Dem Transformationsschock – verstärkt durch den Zusammenbruch des RGW – folgte ein dramatischer Rückgang nicht nur der Produktion, sondern auch der Reallöhne und Einkommen. Diese stiegen erst wieder mit deutlicher Verzögerung langsam im Zuge der Produktivitätssteigerungen. Um die Krise zu bewältigen, setzten die ostmitteleuropäischen Länder auf die außenwirtschaftliche Öffnung, d. h. auf Export und ausländische Direktinvestitionen.

Im Prinzip hat sich Ostmitteleuropa an dem Wachstums- und Transformationsmodell Westdeutschlands nach dem Zweiten Weltkrieg orientiert: Neubewertung der Währung durch Währungsreform oder Abwertung, stabilitätsorientierte Wirtschaftspolitik, außenwirtschaftliche Öffnung und europäische Integration kombiniert mit niedrigen Löhnen und moderatem Lohnwachstum. In einigen Bereichen verfolgten die Länder Ostmitteleuropas ein radikales Modell, etwa bei der frühzeitigen Einführung der partiellen und vollständigen Konvertibilität ihrer Währungen. Sie waren gezwungen, ausgehend von einer ungünstigen Wirtschaftsstruktur und einer rückständigen Technologie, in der Produktions- und Exportstruktur langsam aufzuholen. Dies ist ihnen, von Land zu Land unterschiedlich, mit einer beachtlichen Umstrukturierung von Produktion und Exporten nach vielen Jahren gelungen.

3.2.2. Ostdeutschland: Einzigartiges Transformationsmodell aufgrund der Sonderbedingungen der deutschen Einheit

Völlig anders verlief der Weg Ostdeutschlands. Der inoffizielle Wechselkurs lag vor der Wende bei ca. 1:4. Eigentlich hätte es einer deutlichen Abwertung bedurft, um die Wettbewerbsfähigkeit der ostdeutschen Industrie zu sichern. Dagegen erfolgte mit der 1:1-Umstellung der Stromgrößen, also vor allem

Löhne und Gehälter, eine Aufwertung um ca. das Vierfache. Dieser nahezu unvermeidliche Grundfehler war durch das Primat der deutschen Einheit politisch bedingt und wäre nur durch die Inkaufnahme anderer Verwerfungen zu vermeiden gewesen.

Ein Ost-West-Lohnvergleich macht die Problematik deutlich: Bei einer Umstellung der Löhne im Verhältnis 2:1 wäre der damalige Durchschnittslohn der DDR von 854 Ostmark auf knapp über 400 DM, d. h. auf ca. 20 % des durchschnittlichen Westlohns gesunken. Eine solche Lohndifferenz hätte man nur im Rahmen eines gesonderten Währungs- und Wirtschaftsgebietes, wie es u. a. der damalige Bundesbankpräsident Karl Otto Pöhl vertrat, aufrechterhalten können. Politisch hätte dies eine Art Konföderation zwischen beiden deutschen Staaten vorausgesetzt, was angesichts der sich beschleunigenden Dynamik des deutschen Einigungsprozesses und der dramatischen Abwanderung aus Ostdeutschland zunehmend unrealistisch wurde. Die damals populäre ostdeutsche Parole – „Kommt die D-Mark, bleiben wir, kommt sie nicht, gehen wir zu ihr" – brachte es auf den Punkt.[47]

Ist die Währungsumstellung noch als politisch bedingter Geburtsfehler der ökonomischen Wiedervereinigung anzusehen, so wäre die später erfolgte rasche Angleichung der Ostlöhne an die Westlöhne vermeidbar gewesen. Im Rahmen von Tarifvereinbarungen wurden innerhalb von ein bis zwei Jahren die Nominallöhne im Osten von einem Drittel auf zwei Drittel des Westniveaus angehoben, obwohl die Produktivität deutlich niedriger lag. Damit verschlechterte sich die Wettbewerbssituation nochmals drastisch.

Dieser grobe wirtschaftspolitische Fehler wurde durch einer Art dreifacher unheiliger Allianz hervorgerufen. Erstens bestand bei den Tarifparteien kein Interesse an niedrigen Lohnabschlüssen. Zweitens versäumte es die Treuhandanstalt als eigentlicher Eigentümer, Einfluss auf die Verhandlungen auszuüben, denn hier hätte es angesichts der Ausnahmesituation der deutschen Wiedervereinigung möglicherweise Spielräume gegeben. Drittens waren auch die Ostdeutschen sehr an einer Lohnangleichung interessiert. Das Ergebnis war dann der weitgehende Zusammenbruch der ostdeutschen Industrie und es folgten Transferleistungen in Höhe von 30 % bis 40 % des ostdeutschen Verbrauchs, eine Größenordnung, die wahrscheinlich einmalig in der Wirtschaftsgeschichte ist.

---

47 Vgl. hierzu SCHÄUBLE, WOLFGANG: Deutschlands zweite Chance – Geschichte, Stand und Perspektiven der Deutschen Einheit, in: DIW: Vierteljahreshefte zur Wirtschaftsforschung, Vol. 78, Nr. 2, Berlin 2009, S. 12. vgl. auch die Diskussion in der Neuen Mittwochsgesellschaft veröffentlicht in: SCHMIDT, HELMUT/VON WEIZSÄCKER, RICHARD (Hrsg.): Innenansichten aus Europa, Die neue Mittwochsgesellschaft, Band 4, München 2007, S. 302-329.

Nur zum Vergleich: Nach Ostmitteleuropa flossen zwar Kredite des Internationalen Währungsfonds, wobei Polen mit einem Stabilisierungskredit von ca. 1 Mrd. US $ und Schuldenstreichungen von öffentlichen und privaten Gläubigern in Höhe von ca. 15 Mrd. US $ am stärksten von der westlichen Unterstützung profitierte. Im Rahmen der sogenannten Vorbeitrittshilfen der EU erhielten alle Beitrittskandidatenländer etwa 0,8 % ihres BIP. Die Netto-Finanztransfers werden für die nunmehr neuen EU-Mitgliedsländer im Rahmen der EU-Politikbereiche (vor allem der Agrar- und Strukturpolitik) in der jetzigen Finanzperiode (2007 - 2013) auf zwischen 2 % bis 3 % des BIP der jeweiligen Länder ansteigen. Der Zufluss ausländischer Direktinvestitionen erreicht in diesen Ländern ca. 2 % bis 4 % ihres BIP. Im Vergleich zu den Transfers nach Ostdeutschland fiel sogar die Hilfe des Marschallplanes nach dem Zweiten Weltkrieg in Westeuropa deutlich bescheidener aus. Sie betrug nur maximal 2 % des BIP der europäischen Empfängerländer und für Westdeutschland lag der Anteil deutlich niedriger.

Ostdeutschland konnte nicht nur offizielle Transferleistungen von ca. 70 bis 100 Mrd. Euro jährlich (Nettotransfer 2003: ca. 83 Mrd. Euro) verzeichnen, sondern auch einen massiven Zustrom an privatem deutschen und im geringeren Maße ausländischen Kapital. Der gesamte Kapitalstock wurde faktisch ersetzt und neue Technologie mit hoher Produktivität eingesetzt. Dennoch konnte der Aufbau neuer modernster industrieller Kapazitäten die Beschäftigung nicht sichern. Etwa 70 % der Arbeitsplätze gingen verloren. Die Lohnstückkosten, d. h. die Löhne in Relation zur Produktivität, sind zu hoch und trotz steigender Ausfuhren bleibt das Exportpotential deutlich hinter dem westdeutschen zurück.

3.3. Verschiedenartige ordnungspolitische Modelle

3.3.1. Ostdeutschland:
Einziger Fall einer kompletten Schocktherapie

Ostdeutschland und Ostmitteleuropa unterscheiden sich in der Transformationspolitik deutlich. In den neuen Bundesländern wurde das einzige Modell einer kompletten Schocktherapie realisiert, also Liberalisierung kombiniert mit Stabilisierung und institutionellem Umbau. Im Falle der neuen Bundesländer bestand der vermeintliche Vorteil darin, mit der Unterzeichnung des Staatsvertrags über eine gemeinsame Wirtschafts-, Währungs- und Sozialunion ein vollständiges Modell zu übernehmen. Der Prozess verlief mit höchstmöglicher Geschwindigkeit und größtmöglicher finanzieller und personeller Unterstützung. Damit war nicht nur der Finanztransfer, sondern auch das Modell des Wirtschaftsumbaus einmalig. Der Nachteil dieser Vorgehensweise bestand allerdings darin, dass ein bereits reformbedürftiges Modell – insbesondere in sozialpolitischer Hinsicht – übernommen wurde.

Gleichzeitig wurde in vielen Bereichen die Chance für einen Neubeginn verpasst, etwa die Durchführung einer Föderalismusreform. Hinzu kam eine gigantische Fehlallokation investiver Mittel (u. a. im Bereich der Bauwirtschaft, aber auch bei anderen, durch Fördermittel gestützte Investitionen). Sozialpolitisch blieb aber weiten Teilen der Bevölkerung – und hier vor allem den Rentnern – der Abstieg in die Armut erspart. Der politische Frieden wurde durch enorme Transferleistungen erkauft. Dieses Transformationsmodell war für Ostmitteleuropa undenkbar.

Dies gilt auch für die Privatisierung sogenannter volkseigener Betriebe, für die die Treuhandanstalt zuständig war. Deren Verkaufspolitik war es, Vermögenstitel gegen die Gewährleistung sozialer Absicherung abzugeben.[48] Der Präsident des Ifo-Instituts, Hans-Werner Sinn, ist der Auffassung, die raschen Lohnsteigerungen wären durch breitere Vermögensstreuung, also die Beteiligung der Belegschaften am Produktivvermögen, vermeidbar gewesen.[49] Die Belegschaften hätten sich dann – so seine These – mit geringeren Lohnsteigerungen zufrieden gegeben. Rückblickend ist es schwer zu beurteilen, ob dies ein gangbarer Weg gewesen wäre, und ob die Ostdeutschen einem solchen, zunächst für sie riskanten Experiment zugestimmt hätten. Unstrittig ist jedoch, dass die Anreize für Lohnzurückhaltung höher ausgefallen wären.

Eine solche Strategie aber hätten vor allem die kleineren und mittleren Unternehmen im Rahmen von Management and Employee Buy-outs (MEBOS) umsetzen können. Auch die stärkere Förderung von Unternehmensneugründungen durch großzügigere Gründungskredite hätte das Entstehen von kleineren und mittleren Unternehmen, und damit von vielen Arbeitsplätzen, unterstützt. Schließlich wird, wie oben dargestellt, der überwiegende Teil der westdeutschen Arbeitsplätze in diesem Sektor gesichert.

---

48 Vgl. SCHRETTL, WOLFRAM: „Transition with Insurance", Oxford Review of Economic Policy, 1992, Vol. 8, No. 1.
49 Vgl. SINN, GERLINDE/SINN, HANS-WERNER: Kaltstart, München 1993.

Kasten 3.1. Diskussion über Aufbau Ost in der Akademie

Prominente ost- und westdeutsche Politiker diskutierten auf einer Tagung der Akademie 16. bis 17. März 2007 über die Bilanz des Aufbaus Ost

„Ruinen schaffen ohne Waffen" – die ganze Dimension dieses Slogans der Bürgerrechtsbewegung über den Zustand der DDR sei erst langsam den politisch Verantwortlichen bewusst geworden, so Prof. Kurt Biedenkopf, ehemaliger Ministerpräsident des Freistaates Sachsen. Vor dem Hintergrund des Zerfalls der DDR und ihrer Wirtschaft, Infrastruktur und Gesellschaft sei die enorme Aufbauleistung in den neuen Bundesländern zu würdigen, deren Entwicklung insbesondere auf regionaler Ebene sehr unterschiedlich verlaufe. Man könne deshalb immer weniger von Ostdeutschland als einer Region sprechen. Er mahnte allerdings eine Föderalismusreform an, die letztlich zu zwei östlichen Bundesländern führen solle, um urbane Zentren und Wachstumspole besser zu nutzen.

Dr. Klaus von Dohnanyi, ehemaliger erster Bürgermeister der Freien und Hansestadt Hamburg, vertrat hierzu eine dezidiert andere Position und warnte vor der Einebnung historisch gewachsener Regionen, die den Menschen als Identifikation dienten. Beide waren sich jedoch einig, dass im deutschen föderalen System den Ländern mehr Spielräume gegeben werden müssten, um den spezifischen Bedingungen (auch im Westen) Rechnung zu tragen und einen produktiven Wettbewerb um bessere Politik auszulösen. Klaus von Dohnanyi, der vor einigen Jahren eine Kommission der Bundesregierung zum Aufbau Ost leitete, mahnte eine weitere Umorientierung der Fördermittel für den Osten an, weg von Infrastrukturinvestitionen hin zu einer unternehmensnahen Investitionspolitik. Zudem müsse die flächendeckende Unterstützung zugunsten von Wachstumspolen aufgegeben werden.

Richard Schröder – Theologe und Professor an der Humboldt Universität Berlin sowie wichtiger ostdeutscher SPD-Politiker in der Wendezeit – wies auch darauf hin, dass die Ostdeutschen die deutlichen Einkommensverbesserungen und die beachtlichen Aufbauleistungen, entgegen der weit verbreiteten Meinung im Westen, durchaus schätzten, dass also die Stimmung im Osten besser sei als ihr Ruf. Die deutsche Bevölkerung müsse sich jedoch – dies wurde auch in den anschließenden Diskussionen deutlich – auf stärkere regionale Unterschiede in den Lebensverhältnissen einstellen.

Aus dem Akademie-Report (Akademie für Politische Bildung Tutzing) Nr. 2/2007, S. 1, 6-8.

3.3.2. Ostmitteleuropa: Transformation ohne soziale Absicherung

Die Länder Ostmitteleuropas mussten ihren eigenen Weg gehen, der sich letztlich stärker an wirtschaftsliberalen Konzepten orientierte. Auch in der Ordnungspolitik ähnelt die Vorgehensweise eher dem ursprünglichen Modell der Sozialen Marktwirtschaft im Nachkriegsdeutschland, die die Rolle des Staates in der Ordnung der Freiheit definiert. Gelegentlich verfolgte man in Ostmitteleuropa „interventionistische Experimente", doch meist scheiterten diese und wurden wieder verworfen. Das wiederum erklärt die Präferenz für wirtschaftsliberale Konzepte, was einerseits Ausdruck einer grundlegenden ordnungspolitischen Orientierung war. Ludwig Erhard genoss teilweise hohes Ansehen in Ostmitteleuropa. Andererseits war der Liberalismus auch aus der Not geboren, denn es fehlten die Mittel, eine „aktive Industriepolitik" zu betreiben („the advantage of being poor"). Möglich wäre allenfalls eine selektive Außenschutzpolitik gewesen, die allerdings einer europäischen Integration entgegenstand und zudem wirtschaftspolitisch höchst umstritten war (und ist).

Die östlichen Transformationsländer sahen sich zum Experiment gezwungen. Dabei blieben Fehler sowohl bei der Gestaltung des institutionellen Wandels (Privatisierung), als auch in der makroökonomischen Politik nicht aus. Versäumte Reformen sowie Mängel in der Wechselkurs- und Fiskalpolitik führten beispielsweise in Ungarn (1995/96) und Tschechien (1997/98) in den 1990er Jahren zu neuen Anpassungskrisen, in deren Folge der Wachstumstrend abgeschwächt bzw. unterbrochen wurde. Die Umstrukturierung der alten Industrien erfolgte wesentlich langsamer als in Ostdeutschland, und ist vielfach u. a. in den Problemsektoren noch nicht abgeschlossen. Allerdings wurden auch Lernprozesse initiiert. Im Bereich der Privatisierung wurden teilweise völlig neue Wege (u. a. Voucher-Privatisierung) beschritten. Während die Privatisierung und Umstrukturierung von Großunternehmen nur schleppend vorankamen, verliefen Unternehmensneugründungen vielfach erfolgreicher. Sie forcierten den Wettbewerb und waren treibende Kraft für die starke wirtschaftliche Dynamik.

Eine breit angelegte Privatisierung, niedrige Eintrittsbarrieren und sehr geringe soziale Absicherung – im Umfang, weniger im Zugang zu Sozialleistungen – in Kombination mit stabilen makroökonomischen Rahmenbedingungen begünstigten das Entstehen eines dynamischen Unternehmertums. Hilfreich waren dabei die niedrigen Arbeitskosten. Ausländische Direktinvestitionen, hohes Exportwachstum und größere Anpassungsfähigkeit setzten beachtliche Wachstumskräfte frei. Gleichzeitig wurden die binnen- und außenwirtschaftlichen Ungleichgewichte vermindert, d. h. Inflation und Auslandsverschuldung zurückgefahren. Zudem half die EU als externer Reformanker. Sie bot Zugang zu den wichtigsten Märkten – der EU-Exportanteil Ostmitteleuropas liegt bei ca. 70 % – und stützte die rechtliche und institutionelle Anbindung. Eine Perspektive, die vielen ehemaligen GUS-Staaten fehlt, was sich in ihrer deutlich schlechteren Reformbilanz und Wirtschaftsentwicklung niederschlägt.

3.4. Soziale und politische Implikationen der Transformation

3.4.1. Ostdeutschland: Frustrationen führen zu markant unterschiedlichen Wahlverhalten

Sicherlich hat der Transformationsprozess in Ostdeutschland den Menschen viel abverlangt. Insbesondere die hohe Arbeitslosigkeit erweist sich als ein soziales und politisches Problem ganz Deutschlands. Die Enttäuschungen in den neuen Bundesländern sind gewaltig und kommen u. a. in einem zu Westdeutschland markant unterschiedlichen Wahlverhalten zum Ausdruck. Die postkommunistische Linke konnte sich als fester Bestandteil der deutschen Parteienlandschaft etablieren. Viele Ostdeutsche fühlen sich zum zweiten Mal betrogen. Die Westdeutschen wiederum beklagen die „Jammermentalität" der Ostdeutschen. Nicht wenige Bücher und Essays haben die „deutsche Befindlichkeit" nach zwei Jahrzehnten der deutschen Einheit zum Inhalt.[50]
Allerdings muss vor den langfristigen Folgen der hohen Arbeitslosigkeit in Ostdeutschland gewarnt werden: Mit über 14,7 % im Jahr 2008 ist sie das Kernproblem der Misere und ein politisch riskantes Phänomen. Bedrückend ist vor allem die Tatsache, dass im weniger qualifizierten Segment des Arbeitsmarktes fast jeder zweite Erwerbsfähige arbeitslos ist.[51] Die Langzeit- und Jugendarbeitslosigkeit ist fast doppelt so hoch wie in Westdeutschland. Um dieses wirtschafts- und sozialpolitische Problem zu lösen, bedarf es nicht nur

---

50 Vgl. dazu u. a. den Aufsatz von GENSICKE, THOMAS: Die Ostdeutschen und der Systemzweifel der Westdeutschen – Warum die innerdeutsche Integration schwierig ist, in: WEBER, JÜRGEN (Hrsg.): Illusionen, Realitäten, Erfolge, Zwischenbilanz der deutschen Einheit, München 2006, S. 56-79.

51 Vgl. SACHVERSTÄNDIGENRAT zur Begutachtung der gesamtwirtschaftlichen Entwicklung, Jahresgutachten 2005/06, Wiesbaden 2005, S. 135.

einer allgemeinen Dynamisierung der ost- sowie westdeutschen Wirtschaft, sondern auch einer Überwindung der strukturellen Probleme des Arbeitsmarktes.

Tabelle 3.2. Arbeitslosenquoten im Vergleich[1]

	2003	2004	2005	2006	2007
Deutschland	9,3	9,4	9,2	9,8	8,2
Ostdeutschland	20,1	20,1	20,6	19,2	16,8
Eurozone	8,8	8,8	8,6	7,9	7,4
EU-15	8,0	8,0	7,9	7,4	-
Beitrittsländer	14,3	14,1	13,8	-	-
Polen	18,0	18,8	18,1	13,9	9,6
Ungarn	5,8	6,0	6,9	7,5	7,4
Tschechien	10,3	8,3	8,0	7,1	5,3
Slowakei	18,0	17,5	17,0	13,4	11,1
EU-25 (EU-27)[2]	9,0	9,0	8,8	7,9 (8,2)	(7,1)

Anmerkung: 1 Standardisierte Arbeitslosenquoten; für Ostdeutschland nationale Angaben auf Basis der Daten des IAB; 2 Klammern EU 27.

Quelle: Sachverständigenrat zur Begutachtung der gesamtwirtschaftlichen Entwicklung, Jahresgutachten 2005/06, und Jahresgutachten 2006/07, Berlin.

Einige Ökonomen bemängeln die bisherige Praxis, mit Milliardenzuwendungen, die wiederum die Lohnnebenkosten erhöhen und damit Arbeitsplätze vernichten, Menschen in der Arbeitslosigkeit zu subventionieren, anstatt die Aufnahme der Arbeit im Rahmen einer „aktivierenden Sozialhilfe" zu fördern.[52] Einiges haben die Arbeitsmarktreformen im Rahmen der Agenda 2010 sicherlich bewirkt (siehe Kapitel 2), denn die Arbeitslosigkeit ging in Ostdeutschland, unterstützt durch den Wirtschaftsaufschwung von 2005 bis 2008, von fast 20 % auf ca. 15 % zurück. Vieles spricht für eine weitere Flexibilisierung des Arbeitsmarktes sowie die Senkung der Lohnnebenkosten und dafür, zumindest teilweise über Steuerfinanzierung einige arbeitsmarktpolitische Innovationen einzuführen, um die Arbeitslosigkeit weiter zurückzudrängen.

---

52 Vgl. SINN, HANS-WERNER: Ist Deutschland noch zu retten?, Berlin 2005.

3.4.2. Ostmitteleuropa:
Enttäuschungen führen zu politischen Instabilitäten

Der Transformationsweg in Ostmitteleuropa verlief weitaus härter, als dies in Ostdeutschland der Fall war. Die sozialen Implikationen fielen dramatischer und einschneidender aus. Dies gilt nicht nur für die Anfangsphase der Transformation, sondern auch für die folgenden Jahre. Viele Länder kämpften mit sehr hoher Arbeitslosigkeit, Korruption und einer starken regionalen Differenzierung. Frustrationen und soziale Anpassungskosten führten zu Gegenbewegungen, die einen raschen Wechsel der Regierungen erzwangen. Die Instabilität der Parteiensysteme kam verschärfend hinzu. Diese Phase dauert bis heute an. Die Hoffnung, sich im Zuge der EU-Integration in klassische europäische Wohlfahrtsstaaten zu verwandeln, hat sich als trügerisch erwiesen, denn gerade dieses Modell ist in die Krise geraten.

Mitunter wirkte sich der politische Wechsel auch negativ auf die Wirtschaftspolitik aus. Die Möglichkeiten, den wirtschaftlichen Wandel sozialverträglicher zu gestalten, erwiesen sich in Ostmitteleuropa als sehr begrenzt. In einigen Fällen, wie z. B. in Ungarn, führten solche Versuche sogar direkt in die Krise und zwangen die eher sozialdemokratischen oder sozialistischen Regierungen zu einer harten Sparpolitik. In Polen – einem Land mit großem populistischen Potential – handelten die jeweiligen Regierungen jedoch meist mit bemerkenswertem Realitätssinn und vermieden markante wirtschaftspolitische Fehler.

3.5. Perspektiven und Probleme:
Verschärfter Standortwettbewerb

3.5.1. Ostmitteleuropa:
Die „kleinen Tiger" müssen sich in der europäischen Integration und der Globalisierung behaupten

Mit der EU-Mitgliedschaft ist die Transformation von der Plan- zur Marktwirtschaft in Ostmitteleuropa weitgehend abgeschlossen. Eine neue Phase der europäischen Integration und Wirtschaftsentwicklung hat begonnen. Die Länder treten nun verstärkt in einen Standortwettbewerb mit uns ein. Offene Grenzen, volle Mobilität der Produktionsfaktoren und bald auch der Arbeitnehmer, bessere Infrastruktur sowie institutioneller Wettbewerb, etwa im Bereich der Steuerpolitik, verstärken dies. Die Möglichkeiten, diesen Wettbewerb, der letztlich auch ein Wettbewerb um Arbeitsplätze ist, im Rahmen der EU durch

Harmonisierungsregelungen einzudämmen, sind begrenzt. Deshalb muss sich die Staatengemeinschaft diesen Herausforderungen stellen.[53]

Die ostmitteleuropäischen Staaten haben sich nicht zu Tigerstaaten entwickelt, sondern allenfalls zu „kleinen Tigern". Die Wachstumsraten sind zu niedrig, um eine rasche Konvergenz zu erreichen und die Löhne steigen rasant. Die Investitions- und Sparquoten reichen nicht an die der rasch wachsenden Schwellenländer heran. Die externe Finanzierung bleibt deshalb zentral. Die ostmitteleuropäischen Staaten bleiben weiter auf ausländische Investitionen angewiesen, um ihr technologisches Niveau zu verbessern. Auch hinsichtlich der globalen Wettbewerbsindikatoren (u. a. Forschung und Entwicklung) schneiden etliche von ihnen nicht besonders gut ab. Trotz beachtlicher Fortschritte bestehen weiterhin Defizite im institutionellen Bereich. Es fällt diesen Ländern schwer, die Reallöhne dauerhaft unter dem Produktivitätswachstum zu halten.[54]

Auch unseren östlichen Nachbarländern bläst also der Wind der Globalisierung voll ins Gesicht, was sich insbesondere in der gegenwärtigen globalen Finanz- und Wirtschaftskrise zeigt. Teile der arbeitsintensiven Produktion wandern bereits in andere Niedriglohnländer ab. Selbst bei einer Wachstumsdifferenz zu Deutschland von 3 bis 4 Prozentpunkten wird die Konvergenz der Einkommen erst in mehreren Jahrzehnten erfolgen, wobei einzelne Wachstumspole sie rascher erreichen können. Allerdings könnte sich der Aufholprozess auch dann beschleunigen, wenn unsere Wirtschaft weiterhin unterdurchschnittlich wächst. Aus Sicht unserer Nachbarländer ist dies aber wenig wünschenswert, da auch ihr Wirtschaftswachstum immer stärker an die deutsche Konjunktur gekoppelt ist.

Die EU-Strukturmittel tragen dazu bei, die Infrastruktur Ostmitteleuropas aufzurüsten und dessen Standortwettbewerb auch gegenüber Ostdeutschland zu verbessern. Doch entscheiden diese Mittel nicht über den Erfolg des Aufholprozesses. Gute Wirtschaftspolitik (Strukturreformen und makroökonomisches Management) ist notwendig, um einen konstanten Wachstumskurs einzuhalten. Angesichts hoher Arbeitslosigkeit, demographischer Herausforderungen und struktureller Probleme der Staatshaushalte steht Ostmitteleuropa vor der gewaltigen Aufgabe, Sozialsysteme und Arbeitsmärkte umzugestalten. Erste Programme, die

---

53 Vgl. WOOD, STEVE/QUAISSER, WOLFGANG: The New European Union, Confronting the Challenges of Integration, Boulder/London, 2008, S. 17-80.
54 Vgl. zu diesem Abschnitt die Analyse des Autors: QUAISSER, WOLFGANG: Transformationsstrategien und Wirtschaftsentwicklung, in: v. Delhaes, Karl, Quaisser, Wolfgang, Ziemer, Klaus: Vom Sozialismus zur Marktwirtschaft, Wandlungsprozesse, Ergebnisse und Perspektiven, München 2009, S. 10-37.

Rentensysteme in Richtung Kapitaldeckungssysteme umzugestalten, sind auf den Weg gebracht, andere Bereiche befinden sich eher am Anfang, wie u. a. die Gesundheitssysteme. Die östlichen Nachbarstaaten konnten beachtliche stabilitätspolitische Erfolge erzielen. Die Inflationsraten sind fast Maastricht-kompatibel und die gesamtwirtschaftliche Verschuldung lag vor der großen Wirtschaftskrise mehrheitlich unter der kritischen 60%-Marke. Allerdings geraten die Budgetdefizite in einigen Ländern periodisch aus dem Ruder. Angesichts unterentwickelter Finanzsysteme und des bei rasch wachsenden Ländern generell stärker ausgeprägten inflationären Drucks wären die neuen EU-Mitgliedsländer schlecht beraten, möglichst bald den Euro einführen zu wollen. Die nötige Flexibilität der Wechselkursanpassungen würde dadurch eingebüßt. Bisher sind nur Slowenien (2007) und die Slowakei (2009) der Eurozone beigetreten.

3.5.2. Ostdeutschland:
Schwieriger Weg zur Wettbewerbsfähigkeit

Die ostdeutsche Wirtschaft findet nur schwer ihre Wettbewerbsposition zwischen der leistungsfähigen Wirtschaft Westdeutschlands und den neuen Investitionsstandorten in Ostmitteleuropa. Eine erfolgreiche Integration in die neue Arbeitsteilung wird sich nur langsam vollziehen und die endogenen Wachstumskräfte bleiben schwach. Die neuen Bundesländer können sich in einigen industriellen Wachstumskernen behaupten, andere Regionen werden weiter zurückfallen. Seit über einem Jahrzehnt ist der wirtschaftliche Strukturwandel durch eine mittelständisch geprägte Reindustrialisierung mit wenigen großindustriellen Inseln geprägt. Der Aufholprozess der neuen Bundesländer wird auch dadurch behindert, dass Konzernzentralen und die damit verbundenen Wertschöpfungsketten fehlen.[55] Während sich wirtschaftsnahe Dienstleistungen positiv entwickeln, waren zumindest bis 2005 die Bauwirtschaft und der öffentliche Sektor überdimensioniert. Die an der heimischen Nachfrage orientierten Produktion und die privaten Dienstleistungen (Gewerbe, Handwerk) blieben dagegen unterentwickelt.[56]

---

55 Hierauf weist insbesondere der Präsident des Instituts für Wirtschaftsforschung Halle, Ulrich Blum immer wieder hin: vgl. Interview mit Prof. Ulrich Blum in der Süddeutschen Zeitung vom 5/6. September 2009, S. 26: Berlin funktioniert nicht" sowie der Artikel zur neusten Studie des IWH: SÜRIG, DIETER: „Aufbau Südost", Süddeutsche Zeitung vom 5/6. September 2009, S. 26.

56 Vgl. DEUTSCHE BANK RESEARCH: Aufbruch Ost, Die Wirtschaftsentwicklung in den östlichen Bundesländern, 2. September 2009, Nr. 458.

Schaubild 3.2. Konvergenzprozess Ostdeutschlands (einschließlich Berlin) gemessen am nominalen BIP (Westdeutschland = 100)

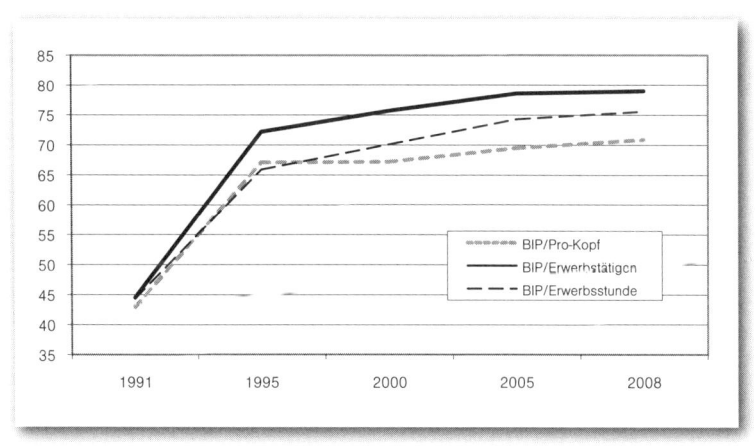

[Diagramm: Linien für BIP/Pro-Kopf, BIP/Erwerbstätigen, BIP/Erwerbsstunde, Werte von ca. 45 (1991) auf ca. 76–79 (2008) steigend]

Quelle: Ragnitz, Joachim: Ostdeutschland heute: Viel erreicht, viel zu tun, in: ifo-Schnelldienst, 62. Jahrgang, Nr. 18/2009, S. 4, Tabelle 1.

Insgesamt haben sich die Lebensverhältnisse in Ostdeutschland auch hinsichtlich der sozialen Infrastruktur markant verbessert. Deutliches Zeichen sind die steigende Lebenserwartung und die sinkenden Selbstmordraten.[57] In den ersten Jahren der Wiedervereinigung näherten sich zudem die Pro-Kopf-Einkommen zwischen Ost- und Westdeutschland stark an. Allerdings stagniert diese Konvergenz in den letzten Jahren faktisch. Die Pro-Kopf-Einkommen liegen in den östlichen Bundesländern je nach Region zwischen 66 % und 68 % des Westniveaus.[58] Einschließlich Berlins liegt das BIP je Einwohner im Jahr 2008 bei ca. 71 %, je Erwerbstätigen bei 79 % und je Erwerbsstunde (ein Maß für die Arbeitsproduktivität) bei ca. 76 % (vgl. Schaubild 3.2.).

Der Zweifel, den Bundespräsident Horst Köhler im Hinblick auf das Verfassungsziel „Angleichung der Lebensverhältnisse" in Ost- und Westdeutschland aussprach, ist deshalb berechtigt.[59] Die regionale Differenzierung Ostdeutschlands insbesondere zwischen dem ärmeren Norden und

---

57 Vgl. SCHRÖDER, KLAUS: Ostdeutschland 20 Jahre nach dem Mauerfall – Eine Wohlstandsbilanz, Gutachten für die Initiative Neue Soziale Marktwirtschaft, Forschungsverbund SED-Staat, FU Berlin 2009, S. 71-75.

58 Vgl. DEUTSCHE BANK RESEARCH: Aufbruch Ost, Die Wirtschaftsentwicklung in den östlichen Bundesländern, 2. September 2009, Nr. 458, S. 5

59 Interview mit Bundespräsident Horst Köhler am 13.9.2004: „Jeder ist gefordert", in: Focus Nr. 38/2004.

dem reicheren Süden wird damit weiter zunehmen und der wirtschaftliche Aufholprozess längerfristig sein. Allerdings werden, wie bereits in den letzten Jahren deutlich zu beobachten war, sich auch innerhalb der alten Bundesländer die Einkommensdifferenzen verschärfen. In den kommenden Jahrzehnten ist deshalb zu erwarten, dass die Ost-West-Teilung durch eine zunehmende Nord-Süd-Differenzierung abgelöst wird.[60] Ostdeutschland bleibt auf absehbare Zeit wegen der unterschiedlichen Strukturen eine Region, die einer gesonderten Wirtschaftspolitik und weiterer finanzieller Transferleistungen aus Westdeutschland bedarf.[61] Einen Königsweg hinsichtlich der Förderung gibt es nicht, doch wird aufgrund der finanziellen Restriktionen eine Konzentration der Mittel, etwa in Form einer Förderung von Clustern, unumgänglich sein. Gleichzeitig wird die Zukunft Ostdeutschlands auch vom Reformprozess in Gesamtdeutschland abhängen. Dennoch könnten Sonderentwicklungen, wie z. B. geringere Regulierung, dazu beitragen, den Prozess zu beschleunigen.

3.6. Was lehrt uns Ostmitteleuropa?

Unmittelbare Lehren aus der Entwicklung Ostmitteleuropas lassen sich für Ostdeutschland nur bedingt ziehen. Zu unterschiedlich sind die Rahmenbedingungen. Allerdings könnte Deutschland die Erkenntnis beherzigen, dass sich die Bereitschaft zu harten Einschnitten und Reformen auszahlt. Die Erfahrungen Ostmitteleuropas zeigen, dass man die Reformen rasch, nachhaltig und auf „breiter Front" ansetzen muss, um massive institutionelle Blockaden zu überwinden und wirksame Erfolge zu erzielen.

Auch gibt es immer wieder ein „Window of Opportunity", also ein günstiges Zeitfenster, um derartige umfassende konsistente Reformen rasch und beherzt anzupacken. Indem die mittel- und langfristigen Erwartungen der Bevölkerung positiv gestimmt werden, wächst gleichzeitig ihre Bereitschaft, kurzfristig harte Einschnitte zu erdulden. Diese Chance muss genutzt werden, bevor sich Frustration und Resignation verfestigen. Nicht alle Ziele können auf einmal und sofort erreicht werden und ein

---

60 Interview mit Prof. Ulrich Blum in der Süddeutschen Zeitung vom 5/6. September 2009, S. 26: „Berlin funktioniert nicht".
61 Vgl. BLUM, ULRICH/BUSCHER, HERBERT/GABRISCH, HUBERT/GÜNTHER, JUTTA/HEIMPOLD, GERHARD/LANG, CORNELIA/LUDWIG, UDO/ROSENFELD, MARTIN/SCHNEIDER, LUTZ: Ostdeutsche Transformation seit 1990 im Spiegel wirtschaftlicher und sozialer Indikatoren, IWH-Sonderheft 1/2009, Halle (Saale) 2009.

„langer Atem" ist notwendig. Dies gilt insbesondere für den institutionellen Wandel, d. h. den ordnungspolitischen Rahmen. Die Weichen dazu müssen aber rechtzeitig richtig gestellt werden. Nur konsistente Lösungen und Beharrlichkeit führen zum Ziel. Ein größerer Querschnittsvergleich der Transformationsländer beweist, dass die Wachstumsergebnisse umso positiver ausfielen, je umfassender marktorientierte Reformen und Stabilisierung angelegt waren.[62]

Auch die Erfahrungen aus der Zeit nach dem Zweiten Weltkrieg beweisen, dass Eigeninitiative und der Rückgriff auf die freiheitlichen marktwirtschaftlichen Traditionen zum Erfolg führen können. Das Beispiel Ostmitteleuropa zeigt eindrucksvoll, wie sich trotz enormer Probleme und Rückschläge beachtliche Erfolge einstellen können. Kann die gegenwärtige größte Wirtschaftskrise nach dem Zweiten Weltkrieg Ausgangspunkt für weitere wachstumsfördernde Reformen sein, oder werden die wirtschaftspolitischen Anstrengungen sich auf ein akutes Krisenmanagement beschränken müssen?

---

62 Eine Diskussion der Zusammenhänge zwischen institutionellen Reformen und Wirtschaftswachstum findet sich bei: QUAISSER, WOLFGANG: Transformationsstrategien und Wirtschaftsentwicklung, in: V. DELHAES, KARL, QUAISSER, WOLFGANG, ZIEMER, KLAUS: Vom Sozialismus zur Marktwirtschaft, Wandlungsprozesse, Ergebnisse und Perspektiven, München 2009.

4. Die Finanz- und Wirtschaftskrise[63]

Die im Herbst 2008 ausgebrochene Finanz- und Wirtschaftskrise erweist sich als weitere Herausforderung für die Soziale Marktwirtschaft. Das Epizentrum des Finanzbebens liegt zwar in den USA, doch seine Schockwellen erfassen alle Regionen und fast alle Segmente der Weltwirtschaft. Deutschland wird als eine der führenden Exportnationen jedoch besonders hart getroffen. Weitreichende weltwirtschaftliche Veränderungen sind zu erwarten. Was sind die Ursachen der Krise, wie hat man darauf reagiert und welche Lösungsstrategien sollte man in der nächsten Zeit verfolgen? Kann die Soziale Marktwirtschaft diese Krise bestehen oder sogar als ordnungspolitisches Konzept international zur Geltung kommen? Dies sind die zentralen Fragen des folgenden Kapitels. Zu berücksichtigen ist jedoch, dass die Krise noch nicht überwunden ist und die wirtschaftspolitischen Debatten im vollem Gange sind. Zum gegenwärtigen Zeitpunkt können deshalb nur vorläufige Antworten gegeben werden.

4.1. Einführung: Verunsicherungen und offene Fragen

Komplexität und Dynamik der Krise stellen eine besondere Herausforderung dar, ihre Ursachen und wirtschaftspolitischen Konsequenzen angemessen zu analysieren. Kaum ein Experte hat das Ausmaß der Verwerfungen vorhergesehen. Bereits vor Jahrzehnten gab es aber kritische Stimmen. So warnte der inzwischen verstorbene amerikanische Ökonom und Keynesianer Hyman Minski vor den sich selbst verstärkenden Mechanismen einer Finanzkrise und forderte eine nachhaltige Regulierung.[64] Solche Vorschläge stießen auf Ablehnung, denn sie standen diametral im Widerspruch zu dem seit den 1980er Jahren dominierenden „Deregulierungsparadigma". Die beachtlichen Erfolge der Globalisierung seit den 1990er Jahren ließen kritischen Stimmen nur wenig Raum. Verschiedene Finanzkrisen wie in Asien, Russland und Lateinamerika verstärkten zwar die Zweifel an einer ungezügelten Liberalisierung der Finanzmärkte. Auch waren der Mehrheit der Wirtschaftswissenschaftler die schwerwiegenden Grundprobleme, wie das Leistungsbilanzdefizit der USA, bewusst, doch neigten sie dazu, andere Anpassungsreaktionen zu erwarten,

---

63 Dieses Kapitel stützt sich auf einen Vortrag, den der Autor auf der Sitzung des Beirats der Akademie für Politische Bildung am 25.03.2009 gehalten hat.
64 Vgl. MINSKI, HEYMAN: Stabilizing an Unstabel Economy, McGrawHill 2008.

etwa eine massive Abwertung des US-Dollars, und nicht den Beinahekollaps des internationalen Finanzsystems. Nur wenige bekannte Ökonomen, u. a. Nouriel Roubini, erkannten diese Gefahr und warnten rechtzeitig.[65]

4.2. Die Dramatik des Wirtschaftseinbruchs

4.2.1. Größte Wirtschaftskrise seit 1929

Die Finanzkrise hat die Realwirtschaft voll erfasst. Wie dramatisch sich die Lage entwickelte, wurde an den sich rapide verschlechternden Wirtschaftsprognosen deutlich. So hielt der Internationale Währungsfonds (IWF) Ende 2008 noch ein leichtes Wachstum der Weltwirtschaft für möglich. Im März 2009 prognostizierte er erstmals seit dem Zweiten Weltkrieg eine faktische Stagnation (plus 0,5 %), im April 2009 einen Rückgang der globalen Ökonomie von 1,3 %, im Juli 2009 eine Schrumpfung um 1,4 % (siehe Tabelle 4.1.). Nach zwei Jahrzehnten dynamischen Wachstums soll der Welthandel 2009 sogar um ca. 12 % zurückgehen. In der Sommerprognose erwartete der IWF eine Wende erst für 2010 mit einem moderaten Wachstum der Weltwirtschaft von fast 2,5 %. Im Herbst 2009 mehrten sich die Anzeichen eines Endes des Wirtschaftseinbruchs. Die Weltwirtschaft soll nach der Herbstprognose des Währungsfonds 2009 „nur" um 1,1 % schrumpfen und schon 2010 wieder mit 3,9 % wachsen. Für die USA wurde im Oktober 2009 bereits das Ende der Rezession verkündet. Doch die gegenwärtige Krise ist zu tief und zu viele Probleme sind ungelöst, um tatsächlich eine baldige Konsolidierung der Lage erwarten zu können.

In Deutschland drohte das BIP 2009 um über 6 % zurückzugehen.[66] Manche Vorhersagen warnten sogar vor einem noch stärkeren Einbruch, doch die etwas günstigere weltwirtschaftliche Lage lässt nun einen geringeren Rückgang von etwa 5 % erwarten. Die Konjunkturprognosen hellten sich gegen Ende 2009 weiter auf. So ging der Sachverständigenrat in seinem Jahresgutachten 2009/10 sogar von einem Wirtschaftswachstum für Deutschland von 1,6 % aus.[67] Der Währungsfonds prognostizierte Anfang 2010 einen

---

65 Vgl. ROUBINI, NOURIEL: „Das ist der Anfang vom Ende des US-Imperiums", Interview mit Roubini im: Der Tagesspiegel vom 21.9.2008, Online: URL: http://www.tagesspiegel.de/politik/USA-Finanzkrise-Nouriel-Roubini;art771,2624331

66 Vgl. Gemeinschaftsprognose Frühjahr 2009: Im Sog der Weltwirtschaft, ifo-Schnelldienst, Nr. 8/2009.

67 SACHVERSTÄNDIGENRAT (Sachverständigenrat zur Begutachtung der gesamtwirtschaftlichen Entwicklung) Jahresgutachten 2009/10: Die Zukunft nicht aufs Spiel setzen, Wiesbaden, November 2009.

Rückgang der Weltproduktion für 2009 von 0,8% und für 2010 einen Produktionsanstieg von fast 4%. Die konjunkturelle Wende nach der tiefen Rezession wird vor allem durch das starke Wirtschaftswachstum in Asien und vor allem in China getragen. Die außergewöhnlichen internationalen fiskalischen und monetären Impulse haben damit Wirkung gezeigt und den dramatischen weltwirtschaftlichen Einbruch aufgehalten (vgl. Tabelle 4.1.). Vorsicht ist dennoch geboten, denn in den vergangenen Monaten erwiesen sich die Wirtschaftsprognosen als Makulatur. Entsprechende Bemerkungen über die „Kunst der Konjunkturforschung" machten in der Öffentlichkeit die Runde. Das Deutsche Institut für Wirtschaftsforschung (DIW) in Berlin wollte schließlich ganz auf Vorhersagen verzichten, um nicht länger der Unsicherheit Vorschub zu leisten. Dieser Vorschlag wurde aber vom Sachverständigenrat abgelehnt. Ursache für die ständige Korrektur der Daten waren die sich rasch ändernden Rahmenbedingungen (vor allem der Zusammenbruch der Exportnachfrage).

Tabelle 4.1. Wichtige Wirtschaftsindikatoren für ausgewählte Länder und Regionen 2007-2010

Veränderung gegenüber dem Vorjahr in %: Daten vom IWF Juli 2009, in Klammern: IWF Oktober 2009, grau: IWF Januar 2010				
	2007	2008	2009*	2010*
BIP (real)				
Welt	5,2	3,0	-1,4 (-1,1) **-0,8**	2,5 (3,1) **3,9**
USA	2,1	1,1	-2,6 (-2,7) **-2,7**	0,8 (1,5) **2,5**
Deutschland	2,5	1,3	-6,2 (-5,3) **-4,8**	-0,6 (0,3) **1,5**
Eurozone	2,7	0,7	-4,8 (-4,2) **-3,9**	-0,3 (0,3) **1,0**
Europäische Union	3,1	1,0	-4,2 **-4,0**	0,5 **1,0**
Japan	2,3	-0,7	-6,0 (-5,4) **-5,3**	1,7 **1,7**
China	13,0	9,0	7,5 (8,5) **8,7**	8,5 (9,0) **10,0**
Weitere Indikatoren (Veränderung gegenüber dem Vorjahr in %)				
Welthandel (Vol.)	7,3	3,0	-12,2 (-11,9) **-12,3**	1,0 (2,5) **5,8**
Ölpreis	10,7	36,4	-37,6 (-36,6) **-36,1**	23,1 (24,3) **22,6**
Konsumgüterpreise**	2,2	3,4	0,1 **-0,1**	0,9 (1,1) **1,3**

Anmerkung: * 2009 und 2010 Prognose, **Fortgeschrittene Industrieländer
Quelle: IMF (2009): World Economic Outlook, Update, Washington, July 2009; IMF (2009): World Economic Outlook, Sustaining the Recovery, Washington, October 2009; A Policy-Driven, Multispeed Recovery, World Economic Outlook Update, January 2010

Die Arbeitslosigkeit wird international markant steigen. Weltweit könnten durch die Krise über 20 Millionen Arbeitsplätze verloren gehen.[68] Für Deutschland erwartete der Sachverständigenrat zeitverzögert in der zweiten Jahreshälfte 2009 einen Anstieg der Zahl der Erwerbslosen auf über 4 Millionen und eventuell 2010 nochmals deutlich auf 4,5 bis 5 Millionen. Dank der flexiblen Kurzarbeiterregelungen, die international sogar als Vorbild angesehen wurden, und aufgrund der rascheren Erholung gibt sich der Sachverständigenrat optimistisch. Sollte jetzt wie erwartet der Wirtschaftseinbruch nicht so stark ausfallen, könnte die Arbeitslosigkeit bei ca. 4 Millionen Erwerbspersonen oder sogar darunter bleiben. Zwar werde sich im letzten Quartal 2009 der Rückgang des Sozialproduktes verlangsamen, doch sei eine Stabilisierung frühestens 2010 zu erwarten. Es besteht also kein Zweifel, dass Deutschland als Exportnation unter der globalen Wirtschaftskrise besonders stark zu leiden haben wird, bei einer raschen Erholung des Welthandels den Einbruch aber zügig überwinden kann.

4.2.2. Auslöser der Krise: Spekulationsblasen platzen, Kreditmärkte frieren ein

Auslöser der Finanzkrise war der Zusammenbruch der amerikanischen Immobilienblase. Die Häuserpreise sind dort seit 2007 im Landesdurchschnitt um 20 % bis 30 % gefallen, in einigen Regionen wie in Florida sogar um bis zu 50 % (vgl. Schaubild 4.1). Eine leichte Stabilisierung war Ende 2009/Anfang 2010 zu beobachten, ohne dass eine definitive Trendwende schon klar erkennbar ist. In Europa sind die Immobilienblasen dort geplatzt, wo zuvor ein großer Boom zu verzeichnen war, etwa in Großbritannien und Spanien. Da dies auf Deutschland nicht zutrifft, scheint die Finanzkrise also eher importiert worden zu sein.

Das Platzen der Immobilienblase führte zwangsläufig zu massiven Abschreibungen bei Banken und Immobilienfinanzierern. Entgegen der ursprünglichen Erwartung traf es nicht nur amerikanische Banken, sondern fast jedes Land, denn die zweitklassigen US-Immobilienkredite, von denen die Krise ihren Ausgang nahm, wurden durch komplexe Verbriefung und Tranchierung rund um den Globus gestreut (siehe Kapitel 4.3.4.). Viele amerikanische und internationale Banken gingen bankrott (u. a. Lehman Brothers), bzw. mussten und müssen immer noch gerettet, verstaatlicht oder gestützt (es begann mit der britischen Bank Northern Rock) werden. Die Liste der zusammengebrochenen bzw. staatlich gestützten Banken ist lang. 2008 wird als Jahr des großen Bankensterbens in die Wirtschaftsgeschichte

---

68 Vgl. ILO: Finanzkrise wird weltweit 20 Millionen Stellen kosten, Reuters: Montag, 20. Oktober 2008, 19:48 Uhr.

eingehen. Nicht weniger als 83 Banken sind 2008 durch Konkurse und Übernahmen verschwunden oder durch Verstaatlichung gerettet worden.[69]

Schaubild 4.1. Case-Shiller Hauspreisindex für die USA
(Quartalswerte; 1. Quartal 2000 = 100)

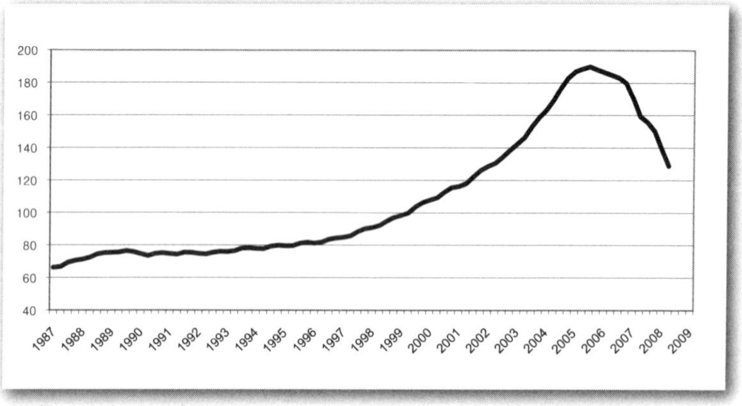

Quelle: Standards and Poors

Das internationale Finanzsystem stand nach der Pleite von Lehman Brothers im September 2008 vor einer „Kernschmelze" und befindet sich weiterhin in extremer Schieflage. Die Finanzkrise wird begleitet von einem massiven Vertrauensverlust zwischen den Banken untereinander sowie zwischen Kunden und Banken. Aufgrund größter Bewertungsunsicherheit von Vermögenstiteln wurde die gegenseitige Kreditierung von den Finanzinstituten faktisch eingestellt und normalisiert sich nur langsam. Ohne global koordiniertes Handeln von Regierungen und Zentralbanken wäre der Zusammenbruch des Finanzsystems unaufhaltsam gewesen.

Noch heute ist unklar, warum Lehman Brothers trotz der vielen Warnungen nicht gerettet wurde. Kritische Beobachter hegen den Verdacht, dass es gerade der internationale Charakter der Bank war, der zu dieser Entscheidung führte, denn die Verluste konnten so weltweit verteilt werden. Dazu kam, dass der öffentliche Druck in den USA gegen eine weitere Rettungsaktion gewaltig war. Selbst bekannte amerikanische Ökonomen forderten endlich ein Exempel zu statuieren, um ein „Moral Hazard" zu vermeiden. Allerdings war der Untergang von Lehman Brothers nur der Auslöser eines Finanzbe-

---

69 Vgl. SINN, HANS-WERNER: Kasino-Kapitalismus. Wie die Finanzkrise kam, und was jetzt zu tun ist. Berlin 2009, S. 61.

bens, das ohne Zusammenbruch dieses Bankhauses seinen Lauf vielleicht nur etwas weniger dramatisch genommen hätte. Es folgte eine weltweite Kettenreaktion. Die Katastrophe auf den Finanzmärkten zog den Crash an den Aktienmärkten nach sich. Am 10. Oktober 2008 betrug der Absturz des Dow Jones mehr als 18 %, also dramatischer als in der Weltwirtschaftskrise von 1929.[70] Mit dem Aktiencrash als Ausdruck der Angst und Panik unter den Marktteilnehmern fiel auch ein weiterer Dominostein in der Krisenentwicklung, denn es folgten einschneidende Wertberichtigungen in den Bilanzen der Banken und Finanzinstitutionen. Damit wurde ein Teufelskreis in Gang gesetzt, der die Weltwirtschaft in den Abgrund zu reißen drohte. Doch worin liegen die Ursachen für diese Krise?

4.3. Ursachen der Finanz- und Wirtschaftskrise

4.3.1. „Jedem US-Amerikaner sein eigenes Haus"

Der Wunsch nach einem eigenen Haus gehört zum amerikanischen Traum und hat eine lange Tradition in den USA. Seit den 1980er Jahren bestand in den USA die Möglichkeit, Kredite über die Emission von „Mortgage Backed Securities" (MBS) zu refinanzieren. MBS sind mit Pfandbriefen zu vergleichen, ohne dass sie jedoch durch die Bilanz einer Bank abgesichert werden. Letztlich sind MBS verbriefte Hypothekenkredite, die an den Kapitalmarkt weitergegeben werden können. Der Vorteil für die Bank liegt darin, dass diese Kredite aus der eigenen Bilanz verschwinden. Vielfach wussten die Kreditnehmer nicht, dass die Schulden „weitergereicht" wurden. Eine Praxis, die sich auch immer mehr deutsche Hypothekenfinanzierer zu eigen machten.

Es gehörte zum Roosevelt'schen New Deal, auch jenen Amerikanern das eigene Haus zu ermöglichen, die sich das eigentlich nicht leisten konnten. 1938 wurde dafür die halbstaatliche Bank Fannie Mae gegründet, 1968 folgte Freddie Mac. In den 1990er Jahren wurde die private Hypothekenfinanzierung auf „Non-Agencies" (Nicht-Banken) ausgeweitet. Steigende Häuserpreise und hohe Marktliquidität begünstigten diesen Prozess. Alleine von 1996 bis 2006 stiegen die Immobilienpreise in den USA um 190 %, d. h. jahresdurchschnittlich um 11,2 %. Selbst für Anleger minderer Bonität war dies ein relativ begrenztes Risiko, da mit dem Kauf der Immobilien ein Wertzuwachs einherging. Dies galt auch für Banken und Immobilienfinanzierer.

---

70 Vgl. SINN, S. 16 - 17.

Folglich stieg der Anteil privat finanzierter Hypotheken minderer Bonität (Subprime Mortgages) enorm an. Vielfach wurden solche Kredite, 2006 sogar ca. 50 % aller Anleihen, auch mit variablem Zinssatz vergeben. Dies war zunächst für die Schuldner ein gutes Geschäft, da über viele Jahre die Zinsen sehr niedrig lagen. Immer mehr Wohnungsbaukredite mit niedriger Schuldendienstquote (Debt-to-Income Ratio, DTI) oder hoher Beleihungsquote (Loan-to-Value Ratio, LTV) wurden aufgenommen. Die Risiken innerhalb des Systems nahmen deutlich zu. Die Blase platzte, als die Zinsen für Immobilienkredite 2005 stiegen und die Hypothekenkredite immer weniger bedient werden konnten. Schuldner gerieten zunehmend in Schwierigkeiten und Zwangsversteigerungen nahmen zu. So schlitterten Banken und Immobilienfinanzierer in eine finanzielle Schieflage.[71]

Schaubild 4.2. Ursachenkomplex und Erscheinungsformen der Krise

Übertreibung der Erwartungen	**Kreditmarkt** Sekundärmarkt Verbriefung der Kredite CDOs; Streuung der Risiken Rolle der Rating-Agenturen Folge insgesamt: Unterschätzung der Risiken Laxe Kreditvergabe	**Immobilienboom von** 2001 bis 2007 (Januar) Anstieg der Immobilienpreise **Immobilienkrise**
Geldpolitik der FED Niedrige Zinsen für Hypotheken; Folge: steigender Konsum; zusammen mit Ungleichgewichten: dramatischer Rückgang der Sparquote FED hebt Leitzinsen ab 2. Hälfte 2004 an bis 2006 auf 5,4%		**Banken- und Finanzmarktkrise**
Globale Ungleichgewichte Hohe Kapitalzuflüsse in die USA, finanziert teilweise durch Schwellenländer (China)		**Börsencrash** **Rezession und Wirtschaftskrise Realwirtschaft**

Quelle: Eigene Bearbeitung

---

71 Eine journalistisch hervorragend Recherche über die Hintergründe der amerikanischen Immobilienblase und Finanzkrise finden sich in: „Der Bankraub" in: DER SPIEGEL:, Nr. 47 vom 17.11.2008, S. 46-80. Vgl. auch HARRISON, FRED: Wirtschaftskrise 2010, Wie die Immobilienblase die Wirtschaft in die Krise stürzt, Weinheim 2008.

4.3.2. Die Politik des leichten Geldes: „Die Inflation ist besiegt!"

Fast zwei Jahrzehnte hat Alan Greenspan die Zentralbank der USA geleitet. Er galt lange Zeit als Magier und wurde als „Maestro" der Geldpolitik verehrt. Durch seine geschickte Geldpolitik, so die herrschende Einschätzung, habe er tiefe Rezessionen vermieden. Auch mit der massiven Liquiditätszufuhr nach den Anschlägen auf das World Trade Center am 11. September 2001 sollte einem drohenden Vertrauens- und Wirtschaftseinbruch rechtzeitig Einhalt geboten werden. Dies gelang zwar zunächst, doch versäumte es die Federal Reserve, die Liquidität wieder aus dem Markt zu nehmen. Heute wissen wir, dass dieser Geldzufluss dem Entstehen der Spekulationsblasen Vorschub geleistet hat. Als ab 2004 die Zinsen langsam anzogen, führten steigende Hypothekenzinsen zu Liquiditätsengpässen bei den Schuldnern (insbesondere ab 2006). Doch waren diese Entwicklungen nur der Auslöser, nicht die Ursache für das Platzen der Blasen.[72]

Die Geldpolitik trägt auch deshalb nicht die alleinige Verantwortung, weil ein beachtlicher Teil des Liquiditätsüberhangs im unregulierten Schattenbankensystem über die entsprechende Hebelwirkung bei der Kreditvergabe (mit einer bestimmten Summe Eigenkapital wird ein Vielfaches von Krediten generiert) erfolgt ist. Die Fehler der Geldpolitik Greenspans liegen vor allem in den 1990er Jahren. Damals hätte die Zinspolitik sehr viel restriktiver ausfallen müssen. Indem Greenspan die Wirtschaft zu dieser Zeit mit Liquidität überschwemmte, hatte er erst das Klima für die Spekulationsblasen geschaffen. Begünstigt wurde die lockere Geldpolitik durch die moderate Inflationsrate. Einige Ökonomen gingen sogar soweit, die Inflation für endgültig besiegt zu erklären. Hintergrund war, dass infolge der Globalisierung ein permanenter Preisdruck auf Konsumgüter ausgeübt wurde, denn sie wurden billig in Übersee, vor allem in China produziert. Übersehen wurde aber die „Asset Price Inflation", d. h. die Inflation der Vermögenspreise bei Immobilien und Aktien.[73] Damit verlagerte sich die überschüssige Liquidität auf diese Bereiche.

---

72 Vgl. SINN, HANS-WERDER: Kasino-Kapitalismus, Wie es zur Finanzkrise kam, und was jetzt zu tun ist. Berlin 2009, S. 54.

73 Viele Jahre warnte der „Economist" vor der Gefahr einer „Asset Price Inflation". Immer noch wird intensiv debattiert, ob Zentralbanken solche „bubbels" bei ihrer Geldpolitik berücksichtigen sollten. Vgl. hierzu: WADHWANI, SUSHIL: Should monetary policy respond to asset price bubbles? Revisiting the debate, in: National Institute Economic Review, October 1, 2008; eine Diskussion zu dieser Thematik findet sich auch bei: IMF: World Economic Outlook, Annex 1: Monetary Policy, Financial Liberalization, and Asset Price Inflation, May 1993. Washinton, D. C.

4.3.3. Globale Ungleichgewichte: Die Ersparnisse der Chinesen finanzieren den amerikanischen Konsum auf Pump

Das niedrige Zinsniveau führte in den USA zu einem Konsumboom, der auch durch die extrem niedrige private Sparquote gefördert wurde. Während diese zu Beginn der 1980er Jahre in den USA zwischen 7 % und 11 % lag, fiel sie zwischen 2005 und 2008 auf nahezu Null. Im Vergleich liegt die Sparquote der Deutschen mit gewissen Schwankungen etwa bei 10 %.[74] Die geringe Sparneigung der US-Amerikaner wurde begünstigt durch niedrige Kreditzinsen und steigende Häuserpreise. Die Bürger fühlten sich dadurch reicher. Dies beflügelte den Konsum und zusätzlich den Immobilienmarkt. Vielfach wurde der alte Besitz veräußert und ein höherwertiges Haus gekauft. Dies war möglich, weil Hypothekenkredite zu günstigen Konditionen neu finanziert werden konnten.

Der steigende Konsum wurde durch zusätzliche Billigimporte vor allem aus Asien, zum Teil aus Japan, aber insbesondere aus China, gedeckt. Die Folge waren riesige Handels- und Leistungsbilanzdefizite. Das Leistungsbilanzdefizit der USA stieg in den Jahren 2004 bis 2008 auf 4 %, teilweise sogar auf 5 % des BIP (vgl. Schaubild 4.3.). Selbst für Schwellenländer mit hohem Kapitalbedarf im Zuge der Modernisierung werden Defizite dieser Höhe kritisch. Der Fehlbetrag in der Leistungsbilanz muss durch entsprechende Kapitalimporte gedeckt werden, oder die Bilanz korrigiert sich bei flexiblen Wechselkursen durch Abwertung der Währung. In den USA lag der Nettokapitalimport 2008 bei 750 Mrd. USD. Im langfristigen Trend hat sich der US-Dollar zwar über die letzten Jahrzehnte abgewertet, doch nicht genung, um den Fehlbetrag in der Leistungsbilanz auszugleichen.[75]

Eine Abwertung des US-Dollar lag jedoch nicht im Interesse Chinas, denn ein stark unterbewerteter Yuan bildete seit den 1990er Jahren den Grundstock des sensationellen chinesischen Wirtschaftsbooms. Wichtigste Komponente war das exportorientierte Wachstum, das in den letzten zwanzig Jahren bei jahresdurchschnittlich fast 10 % lag. Einen solchen Wert erreichte die Bundesrepublik nur für einige wenige Jahre in der Zeit des Wirtschaftswunders der 1950er und 1960er Jahre. China hielt am unterbewerteten Yuan fest, um sein exportorientiertes Wachstum nicht zu gefährden. Verschiedene Versuche seitens der amerikanischen Regierung, die chinesische Führung zu einer Aufwertung ihrer Währung zu drängen, schlugen fehl.

---

74 Vgl. SINN 2009, S. 32

75 Vgl. hierzu: WOLF, MARTIN: Fixing Global Finance, How to curb Financial Crisis in the 21st Century, Yale University Press, New Haven and London, 2008, S. 36-45.

Die beachtlichen Handels- und Leistungsbilanzüberschüsse Chinas führten bei gleichzeitig hoher interner Sparquote (fast 10 %) zu einem Kapitalexport insbesondere nach Nordamerika. China häufte dadurch enorme Währungsreserven an, Ende 2008 waren dies 1,8 Billionen US-Dollar. Globale Ungleichgewichte dieser Größenordnung sind aber auf Dauer nicht tragbar. Die meisten Ökonomen rechneten deshalb irgendwann mit einer dringend notwendigen Korrektur in Form eines Dollarverfalls bzw. einer deutlichen Aufwertung der chinesischen Währung. Die Folge wäre ein beträchtlicher Rückgang der US-Einfuhren gewesen, der sich spiegelbildlich zu den Exporten Chinas verhält. In den USA wären Konsum und Investitionen gesunken, eine Rezession mit eventuell höherer Inflation wäre zu befürchten gewesen. Dies sollte vermieden werden, aber zu welchem Preis?

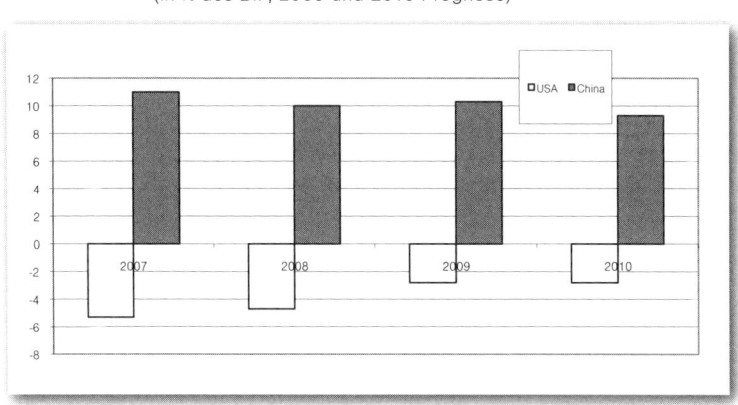

Schaubild 4.3. Saldo der Leistungsbilanz der USA und Chinas
(in % des BIP, 2009 und 2010 Prognose)

Quelle: *IMF (2009): World Economic Outlook, Crisis and Recovery, Washington, April 2009.*

4.3.4. Der Kreditmarkt „hebt ab". Die „hohe Kunst" der Finanzmarktmathematik entpuppt sich als Illusion

Ausgelöst wurde die globale Krise jedoch im amerikanischen Finanzsektor nicht wie von den meisten Ökonomen erwartet durch eine Korrektur der Wechselkurse. Vergleichbar ist der Verlauf mit Bankenkrisen in Schwellenländern, wo labile Finanzsysteme und der damit einhergehende Vertrauensverlust oft gesamtwirtschaftliche Krisen hervorrufen. Das Vertrauen in die USA war allerdings so groß, dass die meisten Ökonomen die Anpassungen nicht in der Kreditwirtschaft erwarteten, denn sie galt als der effizienteste Teil der amerikanischen Volkswirtschaft. Aber offensichtlich täuschten die gigantischen Gewinnsteigerungen der Finanzindustrie nur Stabilität vor, oder anders ausgedrückt, die Profitexplosion war durch Entwicklungen möglich, die die Solidität des Finanzsektors letztlich unterminierten.[76] Ohne „Innovationen" – oder besser Deformationen – auf den Finanzmärkten hätte die jetzige Katastrophe nicht ihren Lauf nehmen können. Stattdessen wäre sie weitgehend ein amerikanisches Problem geblieben. Doch in den vergangenen 10 bis 15 Jahren konnte sich ein eigentümlicher Sekundärmarkt mit Krediten entwickeln. Hypothekenkredite wurden von Banken in Zweckgesellschaften ausgelagert und als Wertpapiere verbrieft (Mortgage Backed Securities, MBS). MBS sind dem Pfandbrief ähnlich, aber ohne Bank als Sicherheit. Auch andere Kredite wurden im Rahmen von Asset Backed Securities (ABS) verbrieft. Von den hochliquiden Märkten wurden diese eine höhere Rendite versprechenden Papiere gerne aufgenommen (vgl. Schaubild 4.4.).

Die Wertpapiere wurden vielfach „gemischt" und in synthetische Wertpapiere, sogenannte Collateralized Debt Obligations (CDO), also der Verbriefung einer Verbriefung, gebündelt, in verschiedene Risikoklassen tranchiert und wieder verkauft. Die Preise dieser Tranchen mit unterschiedlichem Risikogehalt (Senior, Mezzanine, Equity) wurden mit Hilfe der Finanzmathematik, also nicht über den Markt, und von Rating-Agenturen ermittelt.[77] Mit Hilfe sogenannter Credit Default Swaps (CDS) wurden die Risiken der CDOs auf dem Markt abgesichert. Der erfolgreiche US-Investor Waren Buffet nannte diese Papiere „moderne Massenvernichtungswaffen". Bald gab es sogar CDOs von CDOs, die wiederum mit CDS abgesichert wurden. Spätestens zu diesem Zeitpunkt hatte sich der Finanzmarkt von der „Realwirtschaft" abgekoppelt.

Was steckt hinter diesen eigentümlichen Entwicklungen der Finanzmärkte? US-Ökonom Joseph E. Stiglitz führte in Zusammenhang mit den Kapitalmärkten das Bild eines „gambling casinos" ein. Der Begriff des Kasino-Kapitalismus, der inzwischen in das Repertoire der Globalisierungskritiker eingegangen ist, mag irritieren, doch er trifft zumindest teilweise den Kern. Die Auslagerung der Kredite aus den Banken in den nicht-regulierten Schattenbankenbereich, also in Zweckgesellschaften,

---

76 Vgl. auch eines der ersten Bücher zum Zusammenbruch des internationalen Finanzsystems und dessen Ursachen: BRENDER, ANTON/FLORENCE PISANI: Globalised finance and ist collapse, Belgium 2009.

77 Vgl. dazu MÜNCHAU, WOLFGANG: Kernschmelze im Finanzsystem, München 2008, dort S. 142 - 154.

Investmentbanken und Hedgefonds, ermöglichte es, die Eigenkapitalanforderung zu minimieren und den Kredit- bzw. Renditehebel zu erhöhen. Renditen von mehr als 30 % waren eher der untere Bereich des Erzielbaren und absolut branchenüblich. In diesem Kontext ist das umstrittene Ziel von 25 % Eigenkapitalrendite, das der Deutsche-Bank-Chef Josef Ackermann im Frühjahr 2009 noch immer verteidigt hat, zu verstehen.

Schaubild 4.4. Neue Finanzinstrumente und der Prozess der Verbriefung auf den Kreditmärkten

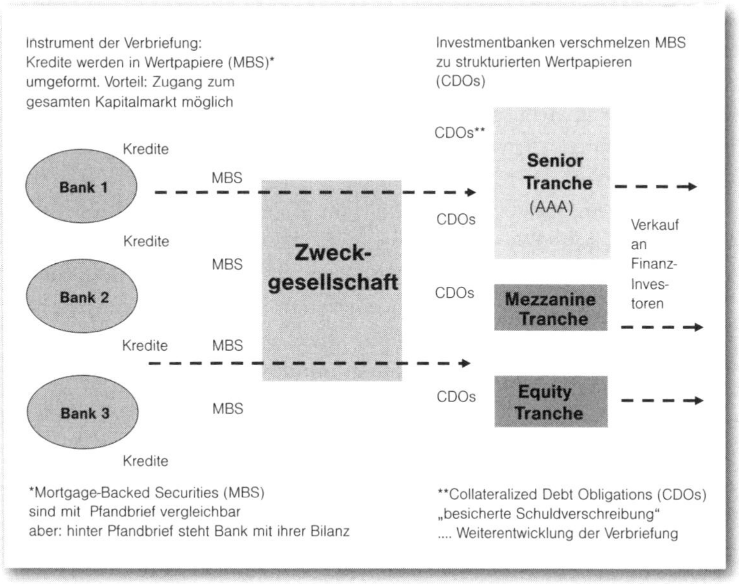

![Schaubild 4.4: Instrument der Verbriefung: Kredite werden in Wertpapiere (MBS)* umgeformt. Vorteil: Zugang zum gesamten Kapitalmarkt möglich. Investmentbanken verschmelzen MBS zu strukturierten Wertpapieren (CDOs). Bank 1, Bank 2, Bank 3 geben Kredite und MBS an Zweckgesellschaft; CDOs** werden in Senior Tranche (AAA), Mezzanine Tranche, Equity Tranche aufgeteilt und an Finanzinvestoren verkauft. *Mortgage-Backed Securities (MBS) sind mit Pfandbrief vergleichbar aber: hinter Pfandbrief steht Bank mit ihrer Bilanz. **Collateralized Debt Obligations (CDOs) „besicherte Schuldverschreibung" .... Weiterentwicklung der Verbriefung]

Quelle: Eigene Bearbeitung

Die laxen Kreditvergaberichtlinien haben das „Glücksrittertum an der Wallstreet" begünstigt. Bei Banken, Investoren und Aufsichtsbehörden erlangte die Fehleinschätzung Oberhand, durch die breite Streuung der Risiken die Verringerung des Eigenkapitalanteils rechtfertigen zu können. Hinzu kam, dass die Finanzbranche ihr Risikomanagement systematisch vernachlässigte. Solche für Banken eigentlich existenziellen Abteilungen wurden als überdimensionierter Kostenfaktor angesehen und gerieten gegenüber anderen Bereichen ins Hintertreffen. Man glaubte aus Gründen der Kostenersparnis, das Risikomanagement zunehmend u. a. an die Rating Agenturen auslagern zu können. Diese wiederum spielten in der Entstehung der gesamten Finanzkrise eine unrühmliche Rolle. Ihre Neigung, Risiken zu unterschätzen, war begründet in der falschen Erwartung stetig steigender Immobilienpreise und der Tatsache, dass sie von den Emittenten der Wertpapiere bezahlt wurden. Ohne die Fehlbewertung der Risiken durch die Rating-Agenturen wäre eine Krise in diesem Ausmaß niemals möglich gewesen.

Hinzu kam, dass die Qualität der Bankenaufsicht nicht nur in den USA unzureichend war. So waren beispielsweise in Deutschland die Finanzaufsicht Bafin und die Bundesbank in allen Aufsichtsratssitzungen der großen Banken mit einem Vertreter anwesend. Diese haben, obwohl sie auch in den jeweiligen Ausschüssen zum Risikomanagement vertreten waren, nie kritisch interveniert.[78] Andere Länder, u. a. Schweden und Spanien, die aus vorherigen Bankenkrisen Lehren gezogen haben, können eine weitaus effektivere Bankenaufsicht vorweisen. Folglich wurde deren Finanzsektor zunächst nicht so stark von der Krise betroffen. Mit gewisser Zeitverzögerung belastete das Platzen der Immobilienblase in Spanien den dortigen Finanzsektor.

Obendrein war aber auch die „Main Street" involviert, denn ein beachtlicher Teil der Bevölkerung erwarb insbesondere in den USA Häuser ohne ausreichendes Eigenkapital. Stattdessen finanzierten diese Bürger den Kauf mit Hilfe von Darlehen mit variablem Zinssatz, im Kern eine hochriskante Spekulation. Viele dieser Kredite verblieben indes nicht in den Büchern der Hypothekenbanken, sondern wurden gebündelt und weiterverkauft und lagerten sich so in Form von „toxischen Wertpapieren" weltweit in Bankenbilanzen als Zeitbomben, u. a. bei den deutschen Landesbanken, ein.

4.3.5. Gefährliche Mechanismen verstärken die Krise

Kennzeichnend für die gegenwärtige Krise ist, dass aus einem relativ „geringen Schaden" im Subprime-Bereich des amerikanischen Immobilienmarktes (bis Oktober 2007 ca. 250 Milliarden US Dollar, vgl. auch die folgenden Angaben im Schaubild 4.5.) ein gigantischer Verlust für die Weltwirtschaft entstanden ist. Die Einbrüche in den Vermögenswerten (u. a. bei den Aktien betrug dieser Rückgang vom Juli 2007 bis Juli 2008 einen Wert von über 7.000 Milliarden US Dollar) konnten zwischenzeitlich teilweise wieder ausgeglichen werden, doch es bleiben die dauerhaften Wirkungen des BIP-Einbruchs (Verlust gegenüber

---

78 Vgl. „Die Politik muß den Banken Ketten anlegen", Interview mit Otto Steimeitz (ehem. Risikomanager von zwei deutschen Großbanken), in: Süddeutsche Zeitung vom 29.1.2010, S. 28.

dem Trend von über 10.000 Mrd. US Dollar) und die fiskalischen Folgen der Konjunkturpakete (über 1.000 Milliarden US Dollar). Nicht zu bemessen sind die sozialen Kosten durch höhere Arbeitslosigkeit. Hinzu kommen die Rettungspakte für die Banken (ca. 4.000 Milliarden US Dollar), wobei hier die Hoffnung besteht, dass nicht alle Gelder letztlich benötigt werden.

Warum konnte sich aus den Verlusten eines obskuren Segments, dem Subprime-Bereich des amerikanischen Immobilienmarktes, eine weltweite Finanz- und Wirtschaftskrise entwickeln? Die Streuung toxischer Finanzprodukte ist die eine Voraussetzung, die allerdings nur ihre verheerende Wirkung entfaltet, wenn sich entsprechende Verstärkungs- und Ausbreitungsmechanismen in Gang setzen. Diese wurden anfangs völlig unterschätzt, denn man ging weitgehend von einer lokalen amerikanischen Krise aus, die vielleicht den amerikanischen Finanzsektor, nicht jedoch den anderer Länder, oder sogar die Realwirtschaft treffen könnte.

Schaubild 4.5. Die Krise im Subprime-Immobilienbereich und ihre fatalen Folgen

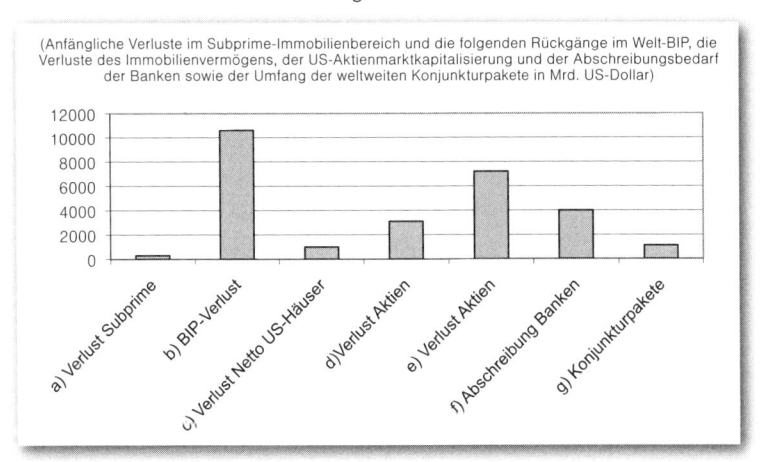

(Anfängliche Verluste im Subprime-Immobilienbereich und die folgenden Rückgänge im Welt-BIP, die Verluste des Immobilienvermögens, der US-Aktienmarktkapitalisierung und der Abschreibungsbedarf der Banken sowie der Umfang der weltweiten Konjunkturpakete in Mrd. US-Dollar)

Anmerkungen: a) Geschätzte Verluste an Darlehen und Sicherheiten bei Subprime Krediten bis Oktober 2007; b) Schätzung des weltweiten BIP-Verlustes kumuliert 2009 und 2010 gegenüber 2008; c) Nettoverlust des Immobilienvermögens der US-Haushalte vom 2. Quartal 2007 bis zum 2. Quartal 2008; d) Rückgang der amerikanischen Aktienmarktkapitalisierung vom Juli 2007 bis Juli 2008; e) Rückgang der amerikanischen Aktienmarktkapitalisierung vom Juli 2007 bis Oktober 2008; f) Weltweiter Abschreibungsbedarf der Banken bis April 2009; g) Weltweite Konjunkturprogramme.

Quellen: IMF: Global Financial Stability Report, verschiedene Ausgaben 2008 und 2009; World Economic Outlook. April 2009 und eigene Berechnungen.

Ausgangspunkt dieser verstärkenden Mechanismen sind unsichere Vermögenswerte der Banken auf der Aktivseite ihrer Bilanz. Die Bankeinleger und Investoren sind deshalb verunsichert und möchten ihr Geld abziehen (vgl. Schaubild 4.6.). In klassischen „Bank Runs" - wie beispielsweise in den 1930er Jahren - versuchen die Einleger ihr Geld direkt am Schalter abzuheben. Lange Schlangen vor den Banken entstehen. Da nur ein Teil des Geldes bar gehalten wird, entsteht ein Liquiditätsengpass. Dies kann zur Insolvenz der Bank führen. Da Einleger heutzutage zumindest teilweise versichert sind und sich Banken überwiegend über die Geldmärkte finanzieren, verläuft der moderne „Bank Run" anders, obwohl die Ursachen und die Folgen, d. h. die Insolvenz der Bank und schlimmstenfalls der Zusammenbruch des Bankensystems, gleich sind.[79]

Das fehlende Vertrauen in die Solidität einer Finanzinstitution äußert sich im modernen „Bank Run" darin, dass sie sich nicht mehr auf den Geldmärkten refinanzieren kann. Ähnlich wie im Zuge des klassischen „Run" muss Anlagevermögen auf der Aktivseite der Bilanz verkauft werden, um Liquiditätsengpässe aufzufangen. Wenn diese Vermögenswerte für mögliche Käufer schwer zu bewerten sind, dann müssen sie, wenn der Finanzierungsdruck hoch ist, zu Ramschpreisen abgestoßen werden. Dadurch wird auch die Bilanz anderer Institute, die solche „Assets" im Portfolio haben, belastet. Vertrauensverlust sowie ein Liquiditätsengpass führen auch bei diesen Instituten zu Zwangsverkäufen. Dies setzt eine verhängnisvolle Abwärtsspirale in Gang, die schließlich das gesamte Finanzsystem in den Abgrund reißen kann.

Ein zweiter Mechanismus verstärkt diesen Teufelskreis noch. Die auftretenden Vermögensverluste führen dazu, dass die gesetzliche Mindestkapitalquote nicht mehr erfüllt werden kann, wenn die Bank sich nicht mit neuem Kapital eindeckt. Der Vertrauensverlust in die Bank bzw. in das gesamte Bankensystem hält jedoch potentielle Investoren davon ab, frisches Kapital zuzuschießen. Die Bank kann dann noch versuchen, Risikopositionen in ihrer Bilanz durch eine Einschränkung ihrer Kreditvergabe abzubauen, also ein sogenanntes Deleveraging durchzuführen, was wiederum negative Folgen für die Realwirtschaft hat. Als letztes Mittel bleibt dem Kreditinstitut dann noch der Verkauf von Vermögenswerten, was wiederum den Preisverfall der Assets verstärkt.

Der erste und der zweite Verstärkungsmechanismus wirken also in dieselbe Richtung. Die Preise der Vermögen brechen ein, folglich müssen Bilanzen korrigiert werden. Da Überschuldung droht, werden weitere Vermögenswerte verkauft. Der starke Verkaufsdruck führt zu Ramschpreisen.

---

79 Vgl. hierzu BLANCHARD, OLIVER: The Crisis: Basic Mechanism, and Appropriate Policies, IMF Working Paper, WP/09/80, April 2009, S. 9-11.

Schaubild 4.6. Schematische Darstellung der Verstärkungs- und Ausbreitungsmechanismen der Finanzkrise

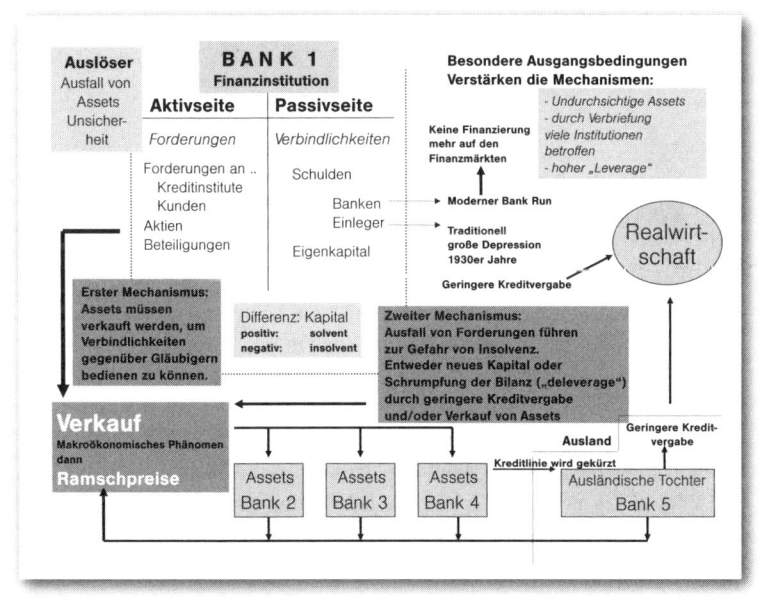

Auslöser	BANK 1 Finanzinstitution		Besondere Ausgangsbedingungen Verstärken die Mechanismen:
Ausfall von Assets Unsicherheit	**Aktivseite** Forderungen Forderungen an .. Kreditinstitute Kunden Aktien Beteiligungen	**Passivseite** Verbindlichkeiten Schulden Banken Einleger Eigenkapital	Keine Finanzierung mehr auf den Finanzmärkten → Moderner Bank Run → Traditionell große Depression 1930er Jahre · Undurchsichtige Assets - durch Verbriefung viele Institutionen betroffen - hoher „Leverage" **Realwirtschaft**

Erster Mechanismus: Assets müssen verkauft werden, um Verbindlichkeiten gegenüber Gläubigern bedienen zu können.

Differenz: Kapital
positiv: solvent
negativ: insolvent

Zweiter Mechanismus: Ausfall von Forderungen führen zur Gefahr von Insolvenz. Entweder neues Kapital oder Schrumpfung der Bilanz („deleverage") durch geringere Kreditvergabe und/oder Verkauf von Assets

Geringere Kreditvergabe

Verkauf
Makroökonomisches Phänomen dann
Ramschpreise

| Assets Bank 2 | Assets Bank 3 | Assets Bank 4 | Ausland Kreditlinie wird gekürzt Ausländische Tochter Bank 5 Geringere Kreditvergabe |

Quellen: Eigene Bearbeitung

Die Bilanzen verschlechtern sich weiter. Es drohen Zahlungsausfälle. Die Kreditvergabe an andere – und möglicherweise gesunde Finanzinstitutionen wird eingeschränkt. Dies zwingt letztere auch zu Vermögensverkäufen, oder zu geringerer Kreditvergabe an andere Finanzinstitute. Im Laufe dieses Prozesses geraten immer mehr Finanzinstitute in Schwierigkeiten und schränken die Kreditvergabe untereinander sowie gegenüber der Realwirtschaft ein. Schließlich sind auch die ausländischen Tochterbanken betroffen. Assets werden dort abgezogen und die Filialen erhalten geringere Kreditlinien.

Die Folge ist ein weltweiter Wirtschaftsabschwung, der wiederum weitere Zahlungsausfälle verursacht und die Finanzinstitute zusätzlich belastet. Eine allgemeine Kreditklemme entsteht. Schrittweise werden auch die nicht unmittelbar mit toxischen Assets belasteten Finanzsektoren in Mitleidenschaft gezogen. Länder mit einer besseren Regulierung wie Spanien können die Krise abschwächen, andere, wie Island, werden voll getroffen und müssen faktisch den Staatsbankrott verkünden. Die allgemeine Verunsicherung führt zusätzlich zu einem Kapitalabzug aus Schwellenländern in die sicheren Häfen der Industrieländer. Die Schwellenländer geraten in ernste finanzielle Schwierigkeiten und unter Abwertungsdruck. Vor allem sie werden durch die allgemeine Wirtschaftskrise stark getroffen. Exporte, Produktion und Investitionen gehen global massiv zurück. Die Arbeitslosigkeit steigt dramatisch und die Rohstoffproduzenten sind mit einem Preisverfall konfrontiert.

4.4. Bedrohungen der Weltwirtschaft und Wege aus der Krise

Im Folgenden werden die zentralen Bedrohungen für die Weltwirtschaft aufgezeigt und mögliche Strategien in der kurz-, mittel- und langfristigen Perspektive skizziert. Vieles ist in diesen Zeiten in Bewegung. Einige Maßnahmen sind mehr oder weniger erfolgreich umgesetzt worden, andere lassen ihre tatsächliche Wirkung noch nicht erkennen. In vielen Bereichen bewegen wir uns heute noch auf unbekanntem Terrain und viele der langfristigen Folgen sind nicht absehbar. Dabei gibt es durchaus unterschiedliche Einschätzungen von Ökonomen über Art, Ausmaß und Wirkung der verschiedenen Bedrohungspotentiale und hinsichtlich ihrer Überwindung.

4.4.1. Kernschmelze im Finanzsystem

Die Gefahr einer weiteren Eskalation der Bankenkrise ist nicht vorüber

Mit dem Zusammenbruch von Lehman Brothers im September 2008 und in dessen Folge des gesamten Schattenbankensektors kamen der Interbankenmarkt und die Kreditversorgung im Herbst 2008 fast völlig zum Erliegen. Wahrscheinlich hätte der Bankrott der Hypo Real Estate dem internationalen Finanzsystem den Todesstoß versetzt, wenn sie nicht am 5. Oktober 2008 durch den Staat und die Unterstützung anderer Banken gerettet worden wäre. Aber auch in den folgenden Wochen bestand die akute Gefahr einer „Kernschmelze" im Finanzsystem. Nach dem Aktiencrash vom 10. Oktober 2008 wäre es sicherlich am Montag, dem 13. Oktober 2008, zu einem Stillstand des Finanzsystems gekommen, wenn nicht am Wochenende die G-7-Länder bei ihrem Treffen in Washington eine Rettungsstrategie entwickelt und die EU-Regierungen sich sofort auf ein gemeinsames Vorgehen geeinigt hätten. Nur die umfassenden Garantieerklärungen seitens der Regierungen konnten einen massiven „Bank Run" und damit die „Kernschmelze" verhindern.

Komplett zum Erliegen kam der Interbankenzahlungsverkehr, doch dank der Zentralbanken ließ sich das Schlimmste abwenden. Zwischenzeitlich signalisieren einige Indikatoren des Finanzsystems Stabilisierung, aber nur sehr langsam kehrt das Vertrauen zurück. Obwohl einige US-Banken (vor allem die Investmentbanken) wieder Milliardengewinne verzeichnen, Staatshilfen zurückzahlen und exorbitante Boni zahlen, stellt der Finanzsektor weiterhin einen großen Unsicherheitsfaktor dar. Ihre Gewinne erzielten die Investmentbanken wiederum mit dem Eigenhandel von Aktien und anderen Wertpapieren, jenem Segment, das maßgeblich zur Krise beigetragen hat. Einerseits ist die Gewinnentwicklung und die Rückzahlung der Staatshilfen positiv zu bewerten, andererseits besteht die Befürchtung, dass sich noch nichts Wesentliches in der Finanzbranche geändert hat. Auch die deutschen Banken haben bis Ende 2009 ihre Bilanzsummen merklich konsolidiert und die Eigenkapitalausstattung verbessert.[80]

Markantes Beispiel für die Labilität im Finanzsystem ist die Insolvenz des amerikanischen Mittelstandsfinanzierers CIT im November 2009. Größerer Schaden konnte abgewendet werden, weil die Insolvenz erwartet und gut vorbereitet wurde.[81] Völlig ist die Gefahr eines Zusammenbruchs des Finanzsektors nicht gebannt, denn die einbrechende Konjunktur hinterlässt dort tiefe Spuren. Es droht eine zweite Runde in der Bankenkrise. Ein konsolidierter Finanzsektor ist jedoch Voraussetzung für die Stabilisierung der Realwirtschaft.

Lösungsstrategien
Kurzfristige Maßnahmen: Eindämmung der Ausbreitungs- und Verstärkungsmechanismen

Entscheidend wird es sein, ob es gelingt, die noch immer aktiven Ausbreitungs- und Verstärkungsmechanismen der Finanzmarktkrise in den Griff zu bekommen. Die Garantieerklärungen der Regierungen – u. a. die sogenannte Merkel-Garantie für Spareinlagen – konnten den Sturm auf die Banken verhindern. Zudem haben die Zentralbanken für den Interbankenmarkt ausreichend Liquidität bereitgestellt. Das Problem ist jedoch, dass diese Liquidität meist nicht weitergegeben, sondern wieder bei der Zentralbank geparkt wird. Erste Ansätze einer Besserung sind erkennbar, doch wird das Vertrauen in den Interbankenmarkt nur langsam zurückkehren. Letztlich hängt dies von einer nachhaltigen Konsolidierung des Bankensektors ab.

---

80 FINANZSTABILITÄTSBERICHT 2009, Pressenotiz der Deutschen Bundesbank, Frankfurt am Main, vom 25. November 2009.
81 HESSE, MARTIN: Eine Bankenpleite ohne Chaos, in: Süddeutsche Zeitung vom 3.11.2009, S. 4.

Weitere Maßnahmen sind das Außerkraftsetzen von krisenverstärkenden Bilanzierungsregelungen („Market to Value") und das Aufkaufen von toxischen Wertpapieren wie CDOs durch die Zentralbanken. Neue innovative Lösungen sollen helfen, diese Papiere aus den Bilanzen zu nehmen. Diskutiert wird etwa ihre Verlagerung in „Bad Banks". Die USA wählen dabei das Instrument „Public-Private Investment Partnership" (PPIP), mit dessen Hilfe toxische Wertpapiere von Hedgefonds mit gewissen staatlichen Bürgschaften aufgekauft werden. Kritik wird laut, die Zusammenarbeit mit den „Spekulanten" käme einem „Pakt mit dem Teufel" gleich. Das Kalkül besteht darin, diese Papiere professionell abzuwickeln und die Risiken zwischen öffentlicher Hand und privaten Investoren, meist sind dies Hedgefonds, zu teilen. Damit ist die Hoffnung verbunden, die CDOs könnten langsam wieder an Wert gewinnen und so durch späteren Verkauf die Verluste für die öffentliche Hand begrenzen.

Mittel- und langfristige Strategien:
Konsolidierung und Umstrukturierung des Finanzsektors
Es zeigt sich, dass die Konsolidierung des Finanzsystems mehr Zeit erfordert und kostspieliger wird als angenommen. In den USA, Großbritannien und den meisten anderen westlichen Ländern mussten Banken teil- oder völlig verstaatlicht werden. Der weltweite Abschreibungsbedarf des Finanzsystems wird vom IWF im April 2009 auf 4.000 Mrd. US-Dollar geschätzt. Auch in Deutschland war man zur faktischen Verstaatlichung der Hypo Real Estate gezwungen. Aktionäre wurden sogar enteignet, um Steuergelder zu sichern. Diese Maßnahme war gerechtfertigt, denn ohne die Bürgschaft von über 100 Mrd. Euro wären die Aktionäre ohnehin durch den Markt enteignet worden. Der Konkurs der HRE hätte als „systemische Bank" verheerende Auswirkungen auf den Pfandbriefmarkt gehabt, von dem ein beachtlicher Teil der privaten Alters- und Lebensversicherungen abhängt.

Die Rettungspakete beliefen sich nach einer Schätzung vom Frühjahr 2009 weltweit auf 4.162 Mrd. US Dollar. Das Problem ist, dass notwendige Umstrukturierungen des Bankensektors aufgrund der Staatsgarantien nur sehr zögerlich vorangehen. Hier wird der Staat teilweise gezwungen sein, die Umstrukturierung stärker zu begleiten. Dies gilt insbesondere für die halb- bzw. staatlichen Banken wie die Landesbanken oder die Hypo Real Estate. Vor allem bei den Landesbanken, die vor einer dramatischen Umstrukturierung stehen, ist der Staat direkt gefordert. Eine Neuausrichtung der Geschäftspolitik und eine Landesbankenfusion stehen auf der Agenda. Der Staat wird somit auch mittelfristig ein wichtiger wirtschaftspolitischer Akteur bleiben (siehe unten: Bedrohung 5).

Kasten 4.1. Krisenmanagement und Maßnahmen zur Konsolidierung und Regulierung des Finanzsektors in Deutschland

Deutschland reagierte rasch und entschlossen auf den drohenden Zusammenbruch des Finanzsystems. Unter dem Druck der Ereignisse verabschiedete der Bundestag im Oktober 2008 in Rekordzeit das Finanzmarktstabilisierungsgesetz (FMstG). Der durch dieses Gesetz entstandene Sonderfonds Finanzmarktstabilisierung (SoFFin) wurde mit 480 Mrd. Euro ausgestattet, von denen er bis Oktober 2009 rund 128 Mrd. Euro in Form von Garantien, 22 Mrd. Euro in Form von Eigenkapitalhilfen und 6 Mrd. in Form von Risikoübernahmen gewährt hat. Mit Hilfe dieser Maßnahmen und im internationalen Zusammenspiel konnte das Finanzsystem stabilisiert werden. Gleichwohl wurden Defizite im gesetzlichen und institutionellen Rahmen schmerzlich offengelegt, was insbesondere der Fall der Hypo Real Estate (HRE) belegt. Da für die Abwicklung von Finanzinstituten bei gleichzeitiger Minimierung von systemischen Risiken entsprechende Restrukturierungsregime fehlten, wurde im April 2009 als Ultima Ratio eigens die sog. Lex HRE verabschiedet, die eine vollständige Verstaatlichung der Bank ermöglichte. Ohne diese Maßnahme wären die Privateigentümer der Bank auf Kosten der Allgemeinheit faktisch saniert worden.

Trotz massiver Eingriffe blieben erhebliche Risikoaktiva in den Bilanzen der Banken bestehen. Insbesondere die Landesbanken wiesen zusätzlich keine tragfähigen Geschäftsmodelle auf. Als Reaktion auf die verbliebenen Risiken wurde deshalb im Juli 2009 das „Gesetz zur Fortentwicklung der Finanzmarktstabilisierung" (FMstG) verabschiedet. Darin enthalten sind zwei neue Instrumente: Erstens können private Banken Zweckgesellschaften (Bad Banks) gründen und strukturierte („toxische") Wertpapiere an diese übertragen. Dadurch kann die Abwicklung von Risikopositionen und deren bilanzielle Wertberichtigung über einen längeren Zeitraum erfolgen. Zudem können Banken, insbesondere Landesbanken, im Rahmen eines Konsolidierungsmodells neben problematischen Wertpapieren auch nicht-strategische Geschäftsbereiche auslagern. Ein weiteres wichtiges Element ist die Reform der deutschen Finanzaufsicht, die parallel zur Neuordnung der europäischen Aufsicht bis Anfang 2011 vollzogen sein soll. Kernstück der deutschen Reform ist die Konzentration der Finanzaufsicht in den Händen der Bundesbank, d.h. eine Übertragung der Kompetenzen der Bafin an die deutsche Zentralbank. Dabei sind komplizierte Fragen der Unabhängigkeit der Bundesbank zu berücksichtigen, da die Bafin bisher unter der engen Rechts- und Fachaufsicht des Bundesfinanzministeriums steht.

Quelle: Sachverständigenrat (Sachverständigenrat zur Begutachtung der gesamtwirtschaftlichen Entwicklung) Jahresgutachten 2009/10: Die Zukunft nicht aufs Spiel setzen, Wiesbaden, November 2009. S. 123-130.

Langfristig ist entscheidend, die Regulierungsmöglichkeiten im Finanzsektor zu verbessern und auszudehnen. Dabei tritt neben der traditionellen Aufsichtskonzeption der einzelnen Unternehmungen im Finanzsektor, die Bedeutung der sog. makroprudentiellen Regulierung in den Vordergrund. Hierbei handelt es sich um eine systemische Regulierung des gesamten Finanzsektors, um rechtzeitig Gefahren für das gesamte Finanzsystem abzuwenden. Über die Notwendigkeit umfassender Regulierung besteht nunmehr auch international weitgehend Konsens. Strittig sind noch die Details. Der Finanzgipfel in London im Frühjahr 2009 und der G-20-Gipfel sind erste Schritte in die richtige Richtung (siehe Kasten 4.1.). Zentrales Anliegen ist, dass es keine unregulierten Bereiche, Regionen und Länder mehr geben soll. Hedgefonds und Rating-Agenturen sollen stärker kontrolliert werden. Die Forderungen sind schnell formuliert, ihre Konkretisierung ungemein kompliziert und die Umsetzung erfordert eine gemeinsame Kraftanstrengung. Obwohl etliche Maßnahmen eingeleitet wurden, fehlt noch bis Januar 2010 ein konsistenter internationaler Ansatz insbesondere im Bereich der makroprudentiellen Regulierung.

Erste Regulierungsvorschläge hat Barack Obama im Juni 2009 vorgestellt. Zweifel und Befürchtungen werden geäußert, die Vorschläge seien nicht ausreichend. In den USA wird auch darüber diskutiert, den 1933 zur Begrenzung der Bankenmacht eingeführten Glass-Steagell Act, wieder einzuführen. Damit würde das Trennbankensystem, also eine Aufteilung in Investment- und Geschäftsbanken, wieder eingeführt. Im Januar 2010 konkretisierte die US-Regierungskommission unter dem ehemaligen Notenbankchef Paul Volcker diese Pläne. Sie finden die Unterstützung des Präsidenten, stoßen aber auf heftigen Widerstand der Wall Street. In ähnliche Richtung gingen zwischenzeitlich Überlegungen in Großbritannien. Auch hier dachte man über eine Umstrukturierung des Bankensystems nach, um kleinere Finanzinstitute zu schaffen und den Wettbewerb zu fördern. Das Problem ist allerdings, dass nicht allein die Größe und die Marktmacht, sondern auch die internationalen Verflechtungen und Art der Risiken entscheidend sind. Die Hypothekenbank Northern Rock und Lehmann Brother waren beispielsweise keine großen Banken, sie haben jedoch das internationale Bankensystem schwer erschüttert.

Zu Beginn des Jahres 2010 präferierte man in Großbritannien ähnlich wie in Deutschland ein international koordiniertes Vorgehen in der Bankenregulierung. In London überlegte man zudem, neben einer drastischen Besteuerung der Banker-Boni auch eine Steuer für Finanzmarkttransaktionen (modifizierte Tobin-Steuer) einzuführen. Sicherlich kann die Konsolidierung des Bankensektors und des internationalen Finanzsystems gelingen, doch wird dies Zeit erfordern und nicht ohne

Kontroversen verlaufen. Entscheidend ist die internationale Koordinierung, da nationale Regeln leicht umgangen werden können. Dennoch erscheint eine lückenlose weltweite Finanzaufsicht kaum erreichbar, sodass es auch maßgeblich darauf ankommt, die jeweilige nationale Finanzmarktaufsicht zu verbessern. Konflikte zwischen Kontinentaleuropäern einerseits sowie Großbritannien und den USA andererseits zeichneten sich schon im Sommer 2009 ab, doch sind die Trennlinien in Sachfragen nicht eindeutig (siehe Kasten 4.1., Eigenkapitalanforderungen). Auf dem Gipfel in Pittsburgh gelang es, sich über ein gemeinsames Vorgehen zu verständigen, doch die Probleme stecken im Detail und in der Umsetzung. Weitere Gipfel werden 2010 folgen.

Kasten 4.2. Finanzmarktregulierung: Vereinbarungen, Aufgaben, bisherige Maßnahmen und offene Fragen (Januar 2010)

2009 hat sich die internationale Koordinierung im Wirtschafts- und Finanzbereich deutlich intensiviert. Dabei zeichnet sich ab, dass die Gruppe der G-20 der größten Industrie- und Schwellenländer zum entscheidenden internationalen Koordinierungsinstrument ausgebaut werden soll. Auch wird den Schwellenländern ein größeres Stimmengewicht im IWF zugedacht. Eine entscheidende Konferenz fand vom 24. bis 25. September 2009 in Pittsburgh statt. Dort trafen sich die Staats- und Regierungschefs der G-20 zum dritten Weltfinanzgipfel. Kurz darauf, vom 3. bis 4. Oktober, hielten der IWF und die Weltbank in Istanbul ihre gemeinsame Jahrestagung ab. Parallel dazu trafen sich G-7-Finanzminister und die Notenbankgouverneure. Zentrale Themen dieser internationalen Treffen waren die Auswirkungen der globalen Finanzmarkt- und Wirtschaftskrise, die Schaffung eines neuen Rahmens zur Finanzmarktregulierung sowie Reformen bei IWF und Weltbank. Die Ergebnisse dieser Treffen sowie andere zentrale Aspekte der Finanzmarktregulierung (Stand Anfang 2010) lassen sich wie folgt zusammenfassen:

Regulierung oder Aufteilung systemrelevanter Banken: Die Tatsache, das Banken vor allem im Eigenhandel mit Anleihen, Aktien und anderen Wertpapieren zu hohe Risiken eingegangen sind und eine systemrelevante Größe erreicht haben, ist eines der Kernprobleme der jetzigen Krise. Dem kann durch eine stärkere Regulierung, höheren Eigenkapitalanforderungen (siehe unten) oder durch eine Trennung zwischen Geschäfts- und Investmentbanken entgegengewirkt werden. Im Moment (Januar 2010) ist weder in einzelnen Ländern (Präsident Obama unterstützt gegenwärtig die Einführung des Trennbankensystems) noch international nicht klar, welcher Weg gegangen wird. Es bestehen bei jeder

Lösung (bzw. auch bei Mischlösungen) Vor- und Nachteile. Zusätzlich müssen komplizierte Einzelfragen geklärt werden.

Eigenkapitalanforderungen der Banken: Es sollen nach den Beschlüssen von Pittsburgh neue Regeln zum stärkeren Aufbau von qualitativ hochwertigem Eigenkapital und zur Eindämmung konjunkturverstärkender Effekte (Prozyklizität) implementiert werden. Bis Ende des Jahres 2010 sollen diese Regeln sowie Vorschriften zur Vermeidung überhöhter Verschuldung der Banken international abgestimmt werden. Bis Ende des Jahres 2012 sollen diese Vereinbarungen dann umgesetzt werden. Bisher war eine Kernkapitalquote von 4% vorgeschrieben. Absehbar ist, dass sie sich mehr als verdoppelt. Einige unabhängige Finanzexperten fordern eine Quote im zweistelligen Bereich. Entscheidend ist aber auch, wie das Eigenkapital definiert wird und ob künftig „Mischformen" aus Eigen- und Fremdkapital dazu zählen dürfen. Dabei zeichnet sich ab, dass sich die USA für höhere Eigenkapitalanforderungen aussprechen als die Deutschen. Wenn der überwiegende Anteil des Eigenkapitals künftig aus „hochwertigen" Anteilen, wie eigenen Aktien und einbehaltenen Gewinnen bestehen soll, haben es deutsche Institute auf Grund ihrer geringeren Profitabilität und ihrer beschränkten Möglichkeiten durch Aktien Kapital aufzunehmen, größere Probleme. Der Chef der deutschen Finanzaufsicht Bafin hält den amerikanischen Vorstößen entgegen, dass die in Deutschland gebräuchlichen alternativen Kapitaleinlagen (u. a. stille Einlagen) genauso gut in der Lage seien, Verluste zu absorbieren.

Bonisysteme: Die hohen erfolgsgebundenen Zusatzvergütungen (Boni), die stark am kurzfristigen Erfolg ausgerichtet waren, werden vielfach als Ursache für die übermäßige Risikobereitschaft der Finanzmanager angesehen. In Pittsburgh einigte man sich auf konkrete Regeln für Vergütungssysteme des Finanzsektors, die ohne Verzögerung einzuführen sind. Zudem wurde beschlossen, die Vergütungssysteme in Finanzinstitutionen transparenter zu gestalten. Variable Vergütungsanteile (Boni) dürfen in Zukunft nicht mehr über mehrere Jahre garantiert werden. Sie müssen zudem an den längerfristigen Erfolg des Unternehmens gebunden werden und in einem vorgegebenen Verhältnis zu seinen Gewinnen stehen. Viele Länder, u.a. auch Deutschland, haben entsprechende Regeln eingeführt, doch ihre Wirksamkeit ist fraglich, wie die Gewinnausschüttungen Ende 2009 zeigten. Großbritannien und Frankreich führten zumindest vorübergehend eine Sondersteuer auf Boni von 50 % ein.

Überwachung des Handels mit Finanzderivaten: Den Banken ist es nunmehr nicht mehr erlaubt, Risiken außerhalb ihrer Bilanzen in Zweckgesellschaften für Spekulationszwecken auszulagern. Zusätzlich soll der Handel mit Finanzderivaten stärker überwacht werden. Man beabsichtigt, bis Ende 2012 weitgehend alle standardisierten Derivatekontrakte über Börsen oder gegebenenfalls über elektronische Handelsplattformen zu handeln. Das Clearing soll ausschließlich durch zentrale Gegenparteien erfolgen.

Kontrolle systemrelevanter Institute: Das von der G-20 gegründete Financial Stability Board (FSB) soll bis Ende 2010 Notfall- und Abwicklungspläne für systemrelevante Institute sowie Vorschläge für deren intensivere Überwachung und deren zusätzlichen Eigenkapital- oder Liquiditätsanforderungen ausarbeiten.

Rechnungslegung: Die internationalen Rechnungslegungsgremien sollen bis Juni 2011 verbessert und international angeglichen werden.

Steueroasen: Es soll Druck auf Steueroasen gegen unfaire Praktiken ausgeübt werden. Sollten keine Ergebnisse erzielt werden, dann sollen ab März 2010 Gegenmaßnahmen eingeleitet werden.

Rating Agenturen: Ein Schwachpunkt des gegenwärtigen Finanzsystems waren die Rating Agenturen, die offensichtlich Risiken falsch bewertet und vor Fehlentwicklungen nicht rechtzeitig gewarnt haben. Eine Ursache dabei sind Anreizprobleme, denn die Agenturen werden von ihren Kunden u. a. den Investmentbanken für das Rating bezahlt. Eine Neuorganisation dieses Bereiches ist sehr kompliziert. Im Januar 2010 beschloß die deutsche Bundesregierung, dass die Finanzmarktaufsicht Bafin die Rating Agenturen bezüglich der Rechnungsmethoden und bezüglich der Trennung von Bewertung und Beratung überwachen soll. Der Aufbau eigener europäischer Rating-Agenturen, womöglich unter staatlicher Kontrolle ist indes sehr teuer, sein Erfolg fragwürdig und deshalb wenig wahrscheinlich.

Globale Ungleichgewichte: Zur Förderung eines robusten, nachhaltigen und ausgewogenen Wachstums sollen nach den Beschlüssen der G-20 Maßnahmen zum Abbau der globalen Ungleichgewichte getroffen werden. Länder mit hohen Leistungsbilanzdefiziten sollen Maßnahmen ergreifen, um die private Ersparnis zu erhöhen und die fiskalische Konsolidierung voranzutreiben. Staaten mit einem nachhaltigen und signifikanten Leistungsbilanzüberschuss werden aufgefordert, die inländischen Komponenten des Wachstums zu stärken.

Basel II: Die 2007 in Europa eingeführten Regeln von Basel 2 zielten auf eine Verbesserung des Risikomanagement der Banken, indem sie bestimmte Eigenkapitalvorschriften nach verschiedenen Kreditrisiken vorschrieben. Dadurch sollte die Vergabe von potentiell „notleidenden Kredite" vermieden und die Solidität des Finanzsystems gestärkt werden. Im Zuge der Finanzkrise wird verstärkt eine Reform von Basel 2 angemahnt, denn die systemimmanente Prozyklizität verschärft möglicherweise die gegenwärtige Krise, da die sinkende Bonität von Kreditnehmern eine höhere Eigenkapitalunterlegung erfordert. Dies verursacht möglicherweise eine Kreditklemme. Eine Reform von Basel 2 ist damit ein wichtiges Element der Neugestaltung der internationalen Finanzmarktregulierung. Die Diskussionen hierzu befinden sich erst am Anfang, doch zeichnen sich bei den Eigenkapitalanfoderungen Differenzen zwischen den USA und Deutschland ab (siehe oben: Eigenkapitalanforderungen).

Finanzmarktsteuer: Noch ist völlig offen, ob der Vorschlag zur Einführung einer Finanzmarktsteuer eine realistische Chance hat. Die Diskussion um eine modifizierte Tobin-Steuer ist sehr alt, geht jedoch in der aktuellen Krise über den Kreis der Globalisierungskritiker hinaus und wird von etlichen Regierungen ernsthaft erwogen. Dabei sollen nicht nur wie bei dem Vorschlag zur ursprünglichen Tobin Steuer Devisenmarkttransaktionen, sondern alle Finanztransaktionen mit einer Abgabe von ca. 0,05% auf jede Transaktion besteuert werden. Schätzungen gehen davon aus, dass sie etwa 500 bis 600 Mrd. US $, d. h. 1% des weltweiten BIP erbringen würde. Diese Steuer hat jedoch auch Nachteile (höhere Marktschwankungen, Nachfrageverlust, ungünstige Wirkungen auf die private aktienbasierte Altersvorsorge) und müsste weltweit eingeführt werden, um regionale Wettbewerbsverzerrungen zu vermeiden. Eine Alternative wäre, die sog. Pigou-Steuer, die nicht auf das Volumen der Finanztransaktionen, sondern auf die Höhe der systemischen Risiken von Finanzinstituten zielt. Damit würde eine Ursache von globalen Finanzkrisen abgeschwächt werden.

Quelle: BMWi: Ergebnisse des Treffens der G-20-Staats- und Regierungschefs sowie der Jahrestagung von IWF und Weltbank und des G-7-Finanzminister-Treffens: http://www.bundesfinanzministerium.de und eigene Zusammenstellung.

4.4.2. Von der Deflation zur Depression

Deflationäre Gefahren sind noch nicht gebannt

Die zunächst gehegte Hoffnung, die Realwirtschaft könne sich von der Krise des Finanzsystems abkoppeln, erwies sich als Illusion. Zu enge Wechselwirkungen bestehen zwischen beiden Bereichen. Direkt zu spüren sind die Auswirkungen der Finanzkrise, wenn die Kredite für die Realwirtschaft und Konsumenten eingeschränkt werden, es also zu einer Kreditklemme kommt. Einbrechende Aktienkurse und schwindende Vermögenswerte wirken sich auf Konsum- und Investitionsverhalten negativ aus. Indirekte Effekte entstehen durch einen sich ausbreitenden Vertrauensschwund, der ein zögerliches Verhalten („wait and see") der Wirtschaftsakteure hervorruft. Eine keynesianische Rezession, also ein Nachfrageeinbruch, verschlimmert die Finanzkrise, sodass, wie oben beschrieben, weitere Zahlungsausfälle die Banken bedrohen.

Lösungsstrategien:
*Kurzfristige Maßnahmen: **Expansive Fiskal- und Geldpolitik***
Zunächst ist eine expansive Fiskal- und Geldpolitik notwendig, um der Abwärtsspirale Einhalt zu gebieten. Die meisten Länder haben entsprechend gehandelt. Die fiskalische Expansion wird vom IWF auf ca. 2 % bis 3 % des Welt-BIP geschätzt. Gleichzeitig versorgen die Zentralbanken den Bankensektor ausreichend mit Liquidität. Hintergrund beider Maßnahmen sind die Lehren, die aus der Großen Depression der 1920er und 1930er Jahre gezogen wurden. Zwei maßgebliche Richtungen in der Ökonomie zeichnen dafür verantwortlich. John Maynard Keynes sah im Ausfall der privaten Nachfrage die maßgebliche Ursache der Großen Depression, denn damit geriet die Wirtschaft in eine Situation, in der die Erhöhung des Geldangebots keine senkende Wirkung auf den Zinssatz hat. Keynes prägte dafür den Ausdruck „Liquiditätsfalle". Die private Nachfrage müsse in diesem Fall durch öffentliche Konjunkturprogramme ersetzt werden. Für Milton Friedman spielte dagegen die Kontraktion der Geldmenge eine wesentliche Rolle. Beide Lehren, wenn auch nicht in Reinform, gelten als Hauptrichtungen der Ökonomie. Sie bestimmen das jetzige Handeln.

Schaubild 4.7. Konjunkturprogramme (in % des BIP, Zahlen in der oberen Tabelle) und Maßnahmen in Deutschland zur Stabilisierung des Finanzsektors und der Realwirtschaft (2009 und 2010)

	2009	2009-IWF	2010	2010-IWF
Deutschland	1,44	1,6	1,93	2,0
EU	1,01	-	0,85	-
USA		2,0		1,8
China		3,1		2,7

Maßnahmen in Deutschland

SoFFin	Deutschlandfonds	Konjunkturpakete
480 Mrd €	**115 Mrd €**	**über 90 Mrd €**
400 Mrd € Garantie des Bundes für Refinanzierungsinstrumente + 80 Mrd € Rekapitalisierung und Erwerb von Problemaktiva	40 Mrd € „KfW-Sonderprogramm" Kreditprogramm: 15 Mrd € für KMU 25 Mrd € für Großuntern. + 75 Mrd € Bürgschaftsprogramm	11,8 Mrd € Konjunkturpaket I + 46,6 Mrd € Konjunkturpaket II + 32,6 Mrd € Bürgerentlastungsgesetz, Wachstumsbeschleunigungsgesetz; etc.

Quelle: Europäische Kommission, IMF: Update on fiscal stimulus and financial sector measures, April 26, 2009.

So reagierte man überall mit Zinssenkungen und mit der schon erwähnten Liquiditätsbereitstellung durch die Zentralbanken. Zusätzlich wurden weltweit beachtliche Konjunkturpakete implementiert. Am umfangreichsten fiel mit 677 Mrd. US-Dollar das Programm der USA aus. Aber auch Deutschland hat zwei Programme in Höhe von über 90 Mrd. Euro auf den Weg gebracht. Das zweite Konjunkturpaket umfasst ein Volumen von ca. 50 Mrd. Euro. Verschiedentlich wird kritisiert, u. a. von dem US-Ökonom Paul Krugman, die Europäer und insbesondere Deutschland agierten zu zögerlich. Übersehen wird dabei, dass die hohen Sozialleistungen darin nicht eingerechnet sind und als Stabilisatoren wirken. In den USA müssen diese erst beschlossen werden.

Mittel- und langfristige Strategien: Wachstumsvoraussetzungen (stabile Finanzmärkte) nachhaltig stärken.

Um mittel- und langfristig das Wirtschaftswachstum wieder zu stärken, müssen Stabilisierung und Konsolidierung des Bankensystems vorangetrieben werden. Der IWF schätzt, dass alleine die Banken in der Eurozone zusätzlich 750 Mrd. Euro an Kapital benötigen. Darüber hinaus sind tiefergreifende Umstrukturierungsprozesse nötig und zwar nicht nur im Banken- und Finanzsektor, sondern auch in der Realwirtschaft. Letzteres ist schwierig, da die Rolle der Kapitalmärkte als Katalysator für die Umstrukturierungen in der Realwirtschaft durch die Krise des Finanzsystems eingeschränkt ist. Vielfach stellt sich die Frage, ob bei drohender Insolvenz eines Unternehmens nur eine vorübergehende Finanzierungslücke vorliegt, die durch Kreditverknappung seitens der Banken verursacht wurde, oder ob es sich um langfristige Kapazitäts- und Anpassungsprobleme handelt.

Der Strukturwandel kommt speziell im Bankensektor nur langsam in Gang. Die Branche – insbesondere die deutschen Landesbanken – stehen vor einer grundlegenden Neuausrichtung ihrer Geschäftsmodelle. Aber auch die Realwirtschaft muss Überkapazitäten abbauen, allen voran die Automobilwirtschaft. Gegenwärtig werden umfassende Stützungsaktionen vorgenommen, doch muss letztlich die Produktion eingeschränkt und die Beschäftigung abgebaut werden. Ohne Strukturwandel droht eine langfristige Wachstumsschwäche. Ein gewisses Stabilisierungspotential steht der Weltwirtschaft insofern zur Verfügung, als sich insbesondere in den Schwellenländern mehrere Wachstumspole herausgebildet haben. Ob es gelingt, die USA als Konjunkturlokomotive mit einem Anteil von ca. 25 % an der Weltwirtschaft zu ersetzen, ist mehr als zweifelhaft. Es wäre deshalb zu früh, Amerika als Wachstumsmotor abzuschreiben.[82]

---

82 IMF: World Economic Outlook, Sustaining the Recovery, Washington, October 2009.

Schaubild 4.8. Kredithürde im verarbeitenden Gewerbe nach Größenklassen von Juni 2003 bis Januar 2010

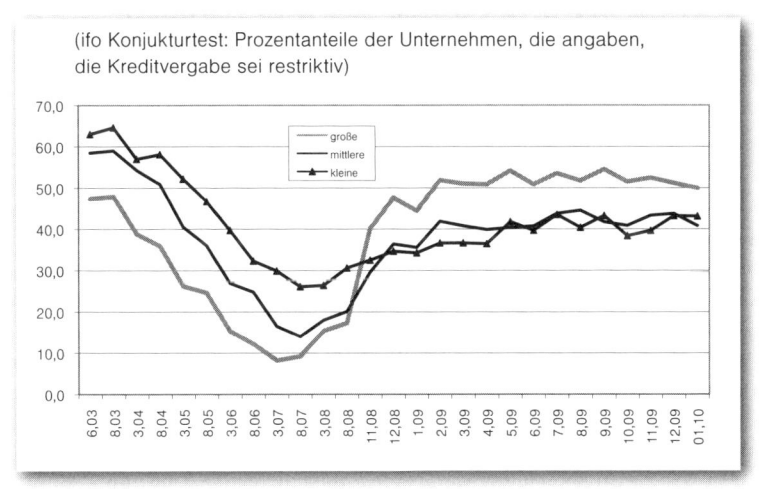

(ifo Konjukturtest: Prozentanteile der Unternehmen, die angaben, die Kreditvergabe sei restriktiv)

Quelle: Ifo-Institut München, Januar 2010: http://www.cesifo-group.de/portal/page/portal/ifoHome/a-winfo/d1index/18INDEXKREDKL.

Kontrovers diskutiert wird, ob tatsächlich in Deutschland eine Kreditklemme zu beobachten ist. Ihre Folgen wären besonders für kleine und mittelständische Unternehmen sehr ungünstig, denn sie müssen viele Investitionen sowie einen beachtlichen Teil des laufenden Geschäfts auf Kreditbasis finanzieren. Empirisch kann das Ausmaß einer Kredithürde anhand der Ergebnisse des ifo Konjunkturtests dargestellt werden. Schaubild 4.8. zeigt, dass sich vor allem für große Unternehmen die Kreditbedingungen seit Sommer 2008 drastisch verschlechterten. Seit Frühjahr 2009 klagte etwa die Hälfte dieser Unternehmen über restriktive Kreditbedingungen. Große Unternehmen haben allerdings verstärkt Unternehmensanleihen emittiert und konnten so Finanzierungsengpasse abschwächen. Etwa 40 % der kleinen und mittleren Unternehmen beanstanden eine Kredithürde. Diese Werte schwankten bis Januar 2010 kaum. Dennoch folgert der Sachverständigenrat, dass keine allgemein Kreditklemme zu konstatieren sei.[83] Um die restriktiven Kreditbedingungen zu entspannen, besteht für deutsche Unternehmen nunmehr die Möglichkeit, im Rahmen des Deutschlandfonds (40 Mrd. Euro für Kreditprogramme) Kredite bei der KfW zu beantragen.

---

83 Vgl. SACHVERSTÄNDIGENRAT (Sachverständigenrat zur Begutachtung der gesamtwirtschaftlichen Entwicklung) Jahresgutachten 2009/10: Die Zukunft nicht aufs Spiel setzen, Wiesbaden, November 2009. S. 55.

4.4.3. Das Ende der Globalisierung?

Protektionistische Tendenzen bleiben eine Gefahr für die Weltwirtschaft
Viele Wirtschaftshistoriker sehen die Ursachen der Weltwirtschaftskrise der 1930er Jahre sowohl in einer falschen Geld- und Fiskalpolitik als auch im verschärften Protektionismus. Für Harold James bedeutete der Erste Weltkrieg das Ende der ersten Globalisierungswelle, denn zuvor war die Weltwirtschaft beachtlich weit liberalisiert.[84] Erst viele Jahre nach dem Zweiten Weltkrieg wurde dieses Niveau wieder erreicht. Gerade in großen Wirtschaftskrisen wie der jetzigen wird der Ruf nach Protektionismus zum Wohle der eigenen Industrie lauter. Versteckt protektionistisch sind gegenwärtig Forderungen, die Konjunkturprogramme sollten vor allem der eigenen Wirtschaft zugute kommen. Besonders in den USA, aber auch in Frankreich waren solche Stimmen zu vernehmen. Aber auch in Schwellen- und Entwicklungsländern werden Schutzmaßnahmen für die eigene Wirtschaft eingeführt.

Im Unterschied zu 1929 besteht aber über die fatalen Auswirkungen protektionistischer Maßnahmen heutzutage in Wissenschaft und Politik Einigkeit. Die ökonomische und politische Integration ist in Europa weit fortgeschritten und den politisch Verantwortlichen ist durchaus bewusst, dass es in einer vernetzten Welt viel zu verlieren gibt. Deshalb werden protektionistische Neigungen kaum Überhand gewinnen können. Zudem lassen sich solche Tendenzen angesichts weitgehender Transparenz rechtzeitig erkennen und international ächten. Dennoch bleibt die Sorge vor Protektionismus virulent, vor allem dann, wenn sich die Krise verschärfen sollte.

Lösungsstrategien
Kurzfristige Maßnahmen: Koordinierung verstärken, GATT abschließen
Weltweit ist eine stärkere Koordinierung zu beobachten. So haben Zentralbanken, Finanzminister und Regierungschefs in den letzten Monaten eng kooperiert. Die „Global Economic Governance" mag vielfach nicht optimal sein, doch bestehen Strukturen und Institutionen (G 8, G 20, IWF, Weltbank), die wichtige Aufgaben übernehmen. Die Finanzgipfel in London und der G-20-Gipfel unter Einbeziehung wichtiger Schwellenländer dokumentieren dies eindrucksvoll. Kurz- und mittelfristig dienen diese Treffen dem aktuellen Krisenmanagement, mittel- und langfristig geht es darum, neue Strukturen in der Weltwirtschaft zu etablieren. Die jetzige GATT-Runde abzuschließen,

---

84 Vgl. JAMES, HAROLD: The End of Globalization, Lessons from the Great Depression, Cambridge, Mass. 2001.

wäre ein wichtiges Signal, doch scheint dies eher unwahrscheinlich. Den gegenwärtigen Status Quo in den internationalen Wirtschaftsbeziehungen beizubehalten, wäre wünschenswert.

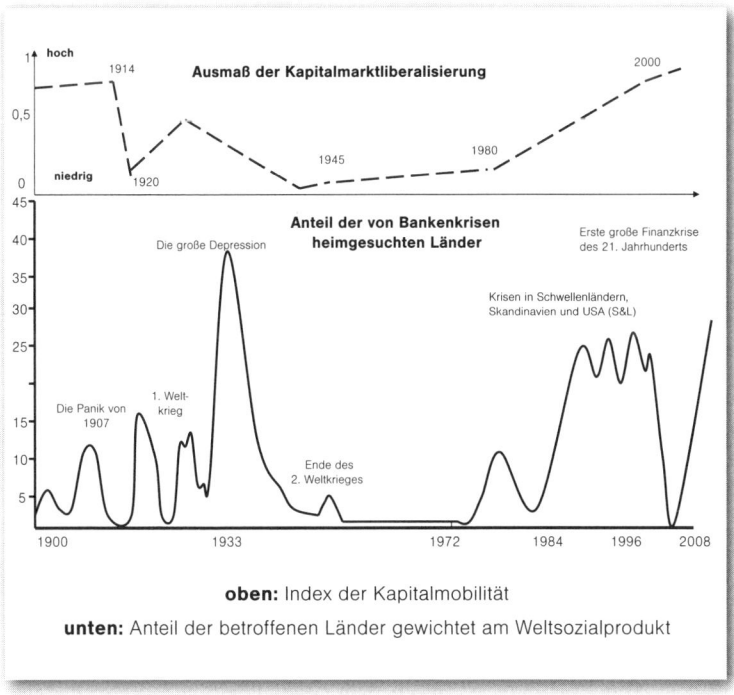

Schaubild 4.9. Kapitalmobilität und Bankenkrisen

oben: Index der Kapitalmobilität
unten: Anteil der betroffenen Länder gewichtet am Weltsozialprodukt

Quelle: Reinhardt, Carmen M./Rogoff, Kenneth S.: *The Time is different: A Panoramic View of Eight Centuries of Financial Crisis*, NBER Working Paper No. 13882, Issued in March 2008.

Mittel- und langfristige Strategien: Globalisierung auf solidere Grundlage stellen

Globalisierungsgegner fordern eine Neuausrichtung der Weltwirtschaft. Auch die internationalen Krisengipfel sollen stärkere Regulierungen, insbesondere für die internationalen Finanzmärkte, durchsetzen. Dies trägt der Tatsache Rechnung, dass die aktuelle Krise vor allem das Ergebnis einer ungezügelten Deregulierung auf den Finanzmärkten war. Die Internationalisierung der Kapitalströme hat durchaus Entwicklungs- und Schwellenländern den Zugang zu ausländischem Kapital ermöglicht und die Voraussetzung für hohes Wachstum geschaffen. Andererseits waren damit Fehlentwicklungen mit dramatischen Folgen für die jeweiligen Länder verbunden, was sich unter anderem in der Asien- und Argentinienkrise zeigte. Eindeutig zugenommen haben mit der Liberalisierung des Kapitalverkehrs die Häufigkeit und Dramatik von Banken- und Finanzkrisen (siehe Schaubild 4.9.). Um die Globalisierung auf eine solidere und nachhaltigere Grundlage zu stellen, bedarf es deshalb eines neuen ordnungspolitischen Gestaltungsrahmens. Dies gilt für die Finanzmärkte ebenso wie für den internationalen Handel, ist aber auch für wirtschafts-, umwelt- sowie sozialpolitische Fragen unerlässlich. Diese Art der Koordinierung wird sich zwar nur auf Mindeststandards beziehen können. Für die langfristige gesellschaftspolitische Akzeptanz und Nachhaltigkeit der Globalisierung aber ist sie von entscheidender Bedeutung. In diesem Kontext werden internationale Organisationen wie die Weltbank, WTO und vor allem IWF ihre Rolle und Politik neu bestimmen müssen. Die Verstärkung sowie Neuausrichtung der „Global Economic Governance", also der weltweiten Ordnungspolitik, wird eine entscheidende mittel- und langfristige Aufgabe sein.

4.4.4. Von der Deflation zur Inflation oder sogar Hyperinflation?

Verharrt die Liquidität in der Aufschwungsphase, droht eine höhere Inflation. Alle Zentralbanken haben beachtliche Liquidität bereitgestellt, die zu einer Verschlechterung und Aufblähung ihrer Bilanzen führte, dies geschah durch den Tausch guter Papiere gegen solche geringerer Bonität. Die Geldbasis insbesondere der FED aber auch der EZB ist damit deutlich erweitert worden. Sollte die Deflationsphase erfolgreich überwunden werden, wird ein stärkerer Inflationsdruck befürchtet. Dabei besteht vielfach die Sorge, der Staat könne von einer Geldentwertung profitieren und sich seiner immer weiter ausufernden Verschuldung entledigen. In einer Phase der Inflation würden nicht nur die Geldvermögen schrittweise entwertet, sondern auch die Schulden real „abgebaut". Ein Liquiditätsüberhang muss sich jedoch nicht notwendigerweise auf die Konsumgüterpreise auswirken und eine Inflationsspirale in Gang setzen. Die Erfahrung der letzten Jahre zeigt, dass die überschüssige Geldmenge auch eine „Asset-Price Inflation" in den Immobilien- und Aktienmärken auslösen kann. Der Ausgangspunkt für die nächste Krise wäre also gesetzt, wenn geldpolitisch nicht wirksam gegengesteuert wird. Entscheidend ist deshalb, die Liquidität wieder aus dem Markt zu nehmen, sobald das Wirtschaftswachstum anzieht. Die geldpolitischen Erfahrungen zeigen, dass dies nicht einfach ist.

Lösungsstrategien
Kurzfristige Maßnahmen:
Unkontrollierte Expansion der Geldmenge vermeiden

In der Abschwungphase ist die stimulierende Wirkung expansiver Geldpolitik nahezu alternativlos, um nicht in eine gefährliche Deflationsspirale zu geraten. Anhaltender Preisverfall hätte fatale Folgen, denn in Erwartung niedriger Preise würden sich Konsumenten und Investoren zurückhalten, was wiederum die Deflation nähren würde. Ein kaum mehr aufzuhaltender Teufelskreis käme in Gang. Vor diesem Hintergrund ist verständlich, dass vor allem die FED alles unternimmt, um ausreichend Liquidität bereitzustellen. In den USA ist seit Ende 2008 der Spielraum für Zinssenkungen ausgeschöpft. Geld wird direkt in den Markt gepumpt. Beispielsweise kündigte die FED im Mai 2009 an, mehr als eine Billion US-Dollar in die Märkte zu fluten und sogar langlaufende Staatsanleihen aufzukaufen. Die EZB agiert im Gegensatz dazu vorsichtiger und weigert sich, die Zinsen auf Null zu senken. Hinter den Kulissen hat der geldpolitische Kurs der EZB zu erheblichen Spannungen geführt.

Um die gegenwärtige Geldpolitik der FED zu bewerten, ist der Erfahrungshintergrund von Ben Bernanke, dem Chef der amerikanischen Notenbank, nicht unwesentlich. Als junger Wissenschaftler hat er sich sehr genau mit der amerikanischen Depression der 1930er Jahre beschäftigt und sogar seine Dissertation über dieses Thema geschrieben. Seine geldpolitische Philosophie wird in seiner Rede „Deflation: Making Sure ‚It' Doesn't Happen Here" vom 21. November 2002 deutlich: „But the U.S. government has a technology, called a printing press (or, today, its electronic equivalent), that allows it to produce as many U.S. dollars as it wishes at essentially no cost."[85] Das heißt, er wird im Notfall die Notenpresse anwerfen, um eine Deflation zu verhindern.

2009 begann die FED mit dem letzten geldpolitischen Mittel, die Inflationserwartungen zu stimulieren. Einige sehen schon mit dem Kauf von Staatspapieren und dem sogenannten Quantitative Easing, d. h. der zusätzlichen Geldversorgung, den geldpolitischen Sündenfall als gegeben an. Die Maßnahmen der FED sind insofern berechtigt, als die Unternehmensfinanzierung in den USA weitgehend über die Kapitalmärkte funktioniert, d. h. die Unternehmen geben Anleihen heraus, während in Europa dies vorwiegend über die Banken geschieht. Genau dieser Markt der Unternehmensanleihen ist in den USA zusammengebrochen, es besteht

---

85   Vgl. BERNANKE, BEN: „Deflation: Making Sure ‚It' Doesn't Happen Here", Online: URL: http://www.federalreserve.gov/BOARDDOCS/SPEECHES/2002/20021121/default.htm

also eine weitgehende Kreditklemme, die es zu überwinden gilt. Indem die FED direkt solche Anleihen kauft, fördert sie die Kreditvergabe.

Gegen einen massiven Inflationsdruck spricht, dass ein beachtlicher Teil der Liquidität nicht konsumwirksam wird. Dabei handelt es sich um Liquidität, die für den zunächst nach der Lehman-Pleite völlig zusammengebrochenen Interbankenmarkt zur Verfügung gestellt wird. Gleichzeitig ist die Reservehaltung der Geschäftsbanken massiv gestiegen. Die Geldbasis ist zwar aufgebläht, doch die Geldumlaufgeschwindigkeit hat sich vermindert und das Wachstum der Geldmenge M3 (Bargeld und Sichteinlagen) ist in der Eurozone sogar zurückgegangen (vgl. Schaubild 4.10.). In den USA gehen Schätzungen allerdings davon aus, dass sich die Geldmenge (Broad Money vergleichbar mit M 3)[86] in den ersten Monaten 2009 um 20 % deutlich erhöht hat. Als Sündenfall einer soliden Geldpolitik gilt die Ankündigung der FED, künftig vermehrt Staatsanleihen zu kaufen. In Deutschland werden bei dieser Aussage Erinnerungen an die Hyperinflation in der Weimarer Republik wach.

Schaubild 4.10. Entwicklung der Geldmenge M3 im Euroraum
(Saisonbereinigte Veränderung gegenüber dem Vorjahr)

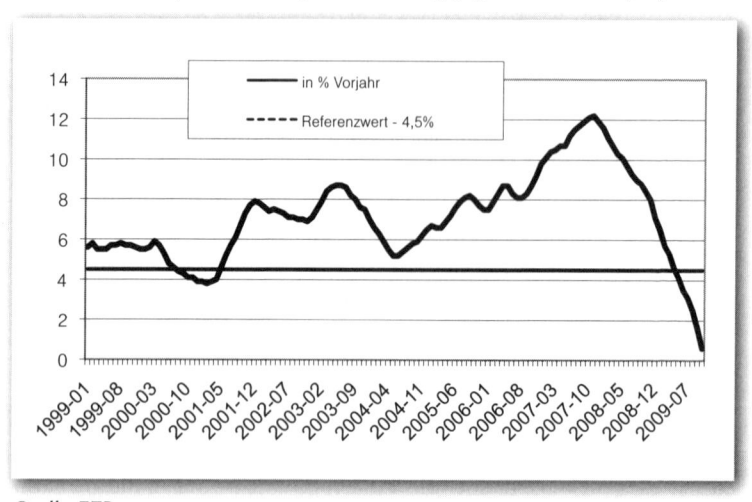

Quelle: EZB

---

[86] Die FED veröffentlicht keine Zahlen mehr zur Entwicklung der Geldmenge, doch wird sie von verschiedenen Instituten geschätzt.

Die Geldpolitik muss jedoch auch berücksichtigen, dass der Abschwung nicht nur konjunktureller Art ist, sondern auch strukturelle Ursachen hat. Wenn die Krise durch den exzessiven amerikanischen Konsum aufgrund der leichten Kreditversorgung entstanden ist, dann wird eine weitere künstliche Stützung des privaten Verbrauchs nur kurzfristig die Depressionsspirale aufhalten. Dauerhaft kann eine solche Politik nicht die Krise überwinden. Entscheidend ist deshalb, rechtzeitig Maßnahmen zum „Einsammeln der Liquidität" zu konzipieren. Beispielsweise hat die EZB immer wieder Liquidität vorsichtig (monatsweise) aus dem Markt genommen.

Mittel- und langfristige Strategien:
Sobald der Aufschwung einsetzt, muss die Geld- und Fiskalpolitik restriktiv ausgerichtet sein

Sollte das Wachstum anspringen, besteht die Gefahr, dass die zunehmende Liquidität inflationswirksam wird. Europäer und insbesondere die Deutschen haben diesbezüglich große Ängste. Dies kam u. a. in einer Rede von Angela Merkel im Juni 2009 zum Ausdruck, in der sie ihre Sorge über die Geldpolitik der FED und deren schwindende Unabhängigkeit äußerte.[87] Ben Bernanke verwahrte sich in einer Sitzung des Kongresses gegen diese Einschätzung und kritisierte indirekt die Bundeskanzlerin, sie verkenne das Ausmaß der gegenwärtigen Krise.[88] Weitaus deutlicher geißelte der Wirtschaftsnobelpreisträger Paul Krugman die Europäer und vor allem die Deutschen wegen ihrer Geldpolitik. Allerdings wirft er Ähnliches auch dem Wirtschaftsteam von Barack Obama, insbesondere dem wirtschaftspolitischen Chefberater Larry Summers, vor.

In der Diskussion über mögliche Inflationsgefahren muss jedoch beachtet werden, dass ein markanter Anteil der nunmehr bereitgestellten Liquidität Anlagekapital ist, das in Form von festverzinslichen Papieren und Tagesgeldern geparkt ist und nach profitablen Investitionen sucht. Sicherlich besteht die Gefahr einer möglichen Blase auf den Anlagemärkten. Gegenwärtig lassen sich solche Anzeichen auf den Bond-Märkten für sichere Staatspapiere erkennen. Fraglich ist jedoch, ob diese Gelder wirklich massiven Druck auf die Konsumgüterpreise ausüben können.

Die zusätzlich in die Märkte gepumpte Liquidität kann zudem nur dann zu einer größeren Inflationsgefahr werden, wenn sie die Konsumneigung oder Kreditvergabe verstärkt. Letzteres, d. h. eine bessere Kreditversorgung, ist

---

87 Vgl. MERKEL, ANGELA: „Erfolg made in Germany – die soziale Marktwirtschaft", Online: URL: http://www.bundeskanzlerin.de/Content/DE/Rede/2009/06/2009-06-02-merkel-insm.html
88 Merkel ruft Notenbank zur Ordnung, in: FAZ vom 9. Juni 2009 (Nr. 127), S. 19.

jetzt geradezu erwünscht. Ersteres ist wegen des bestehenden Lohndrucks nicht zu erwarten und wird sich aufgrund der hohen Arbeitslosigkeit selbst bei anziehender Konjunktur kaum einstellen. Eine Lohn-Preisspirale wird es deshalb nicht geben. Auch ein Anstieg der Konsumgüterpreise ist aufgrund der Überkapazitäten und des internationalen Wettbewerbsdrucks nicht in Sicht. Ein anderes Bild ergibt sich mittel- und langfristig bei den Rohstoffen, denn die niedrigen Preise verhindern momentan größere Investitionen (u. a. in neue Ölfelder), was bei einem späteren Anziehen der weltweiten Konjunktur zu einer stärkeren Verknappung führen könnte. Deshalb sind inflationäre Gefahren nicht ganz von der Hand zu weisen.

Das Problem besteht zudem darin, dass eine „symmetrische Geldpolitik" schwer durchsetzbar ist. Die Zentralbanken müssten bei einsetzendem Wachstum die Liquidität aus den Märkten nehmen, d. h. die Zinsen wieder kräftig erhöhen, um die Bildung von Spekulationsblasen zu vermeiden. Gerade zu Beginn einer Wachstumsphase ist jedoch der politische Druck hoch, weil Politiker und die Bevölkerung wirtschaftlichen Aufschwung und größere Verteilungsspielräume suchen. Dies gilt insbesondere bei hoher Arbeitslosigkeit. Die Konjunktursteuerung muss auch von einer zeitlich verzögerten Wirkung der Maßnahmen von etwa eineinhalb Jahren ausgehen.

Weitere Gefahren für die Preisstabilität drohen seitens drastisch steigender Verschuldung (siehe nächster Abschnitt). Befürchtet wird, dass der Staatshaushalt mit Hilfe der Inflation saniert wird, d. h. dass durch höhere Inflation der Realwert der Schulden abgebaut wird. Gegen diese inflationäre Finanzierung der Schulden spricht im Euroraum, dass die EZB unabhängig und nur einem Ziel, nämlich der Preisstabilität, verpflichtet ist. Hingegen ist die FED stärker an die Regierung gebunden und gehalten, mehrere Ziele zu verfolgen. Zwar könnte die Tatsache, dass der US-Dollar die weltwirtschaftliche Leitwährung ist, die Amerikaner dazu verführen, die Geldentwertung zum Schuldenabbau einzusetzen. Allerdings sind die USA noch immer auf beachtliche Kapitalzuflüsse angewiesen. Die internationalen Anleger, insbesondere die Chinesen, dürften bei einer solchen Strategie entsprechende Konsequenzen ziehen, was eine dramatische Abwertung des US-Dollar zur Folge hätte. Diese Entwicklung läge weder im Interesse der Amerikaner, noch der Chinesen.

4.4.5. Droht der Staatsbankrott?

Steigende Verschuldung als Folge der Krise

Die Finanz- und Wirtschaftskrise wird über Jahre wegen der anwachsenden Verschuldung ein ernstes politisches Problem der Industrie- und Schwellenländern sein. Es wird befürchtet, der exorbitante Schuldenanstieg könne letztlich den Staatsbankrott herbeiführen. Als Beispiel gilt Island, das in der aktuellen Krise wegen des abenteuerlichen Finanzgebarens seiner Banken nur durch internationale Unterstützung seine Zahlungsfähigkeit behalten konnte. Kalifornien ist auch mit der Gefahr eines Staatsbankrottes konfrontiert. Der Staatshaushalt der immerhin siebtgrößten Volkswirtschaft der Welt ist zwar nicht primär durch die Finanzkrise in Schwierigkeiten geraten, aber diese verstärkte bereits bestehende Probleme. Ähnlich ist die Lage in Griechenland zu bewerten. Dramatische Einsparungen in fast allen staatlichen Ausgaben mit unabsehbaren gesellschaftspolitischen Konsequenzen sind die Folge.[89]

Tabelle 4.2. Budgetdefizite und Schuldenstand in ausgewählten Ländern 2007-2010

Finanzierungssaldo des Staatshaushaltes in % des BIP				
	2007	2008	2009* grau: Herbstprognose 2009 IWF	2010* grau: Herbstprognose 2009 IWF
USA	-2,9	-6,1	-13,6 **-12,5**	-9,7 **-10,0**
Deutschland	-0,5	-0,1	-4,7 **-4,2**	-6,1 **-4,6**
Japan	-2,5	-5,6	-9,9 **-10,5**	-9,8 **-10,2**
Staatsverschuldung netto, in % des BIP				
USA	43,2	49,9	61,7 **58,2**	70,4 **66,8**
Deutschland	57,8	60,6	70,9 **70,3**	78,0 **76,2**
Japan	80,4	87,8	103,6 **104,6**	114,8 **115,0**

Anmerkung: * 2009 und 2010 Prognose

Quelle: IMF (2009): World Economic Outlook, Crisis and Recovery, Washington, April 2009; World Economic Outlook, Sustaining the Recovery, Washington, October 2009.

Das Ausmaß der Krise wird sichtbar an den Zahlen der Tabelle 4.2. So wird in den USA 2009 das Staatsdefizit mindestens auf eine Rekordhöhe von 12,5 % (Herbstprognose 2009 des IWF) des BIP steigen, den höchsten Wert in Friedenszeiten. In mehreren EU-Mitgliedsstaaten, wie auch in Deutschland,

---

89 Dieser Abschnitt 4.4.5. stützt sich auf: QUAISSER, WOLFGANG: Konsequenzen der Finanz- und Wirtschaftskrise für Politik und Gesellschaft, Akademie Kurzanalyse, Nr. 2/2009.

werden die Maastrichtkriterien (3 % Budgetdefizit und Staatsschulden nicht höher als 60 % des jeweiligen BIP) für Jahre hinaus überschritten. Konjunkturprogramme, Staatsgarantien für den Finanzsektor und steigende sozialpolitische Ausgaben werden 2010 in Deutschland das Budgetdefizit voraussichtlich auf 4,6 % des BIP anschwellen lassen. Mehrausgaben für die Sozialsysteme werden die Staatskasse zusätzlich belasten. Allein der Bundesagentur für Arbeit droht 2010 ein Defizit von 20 Mrd. Euro, bis 2013 sogar 55 Mrd. Da die Lohnnebenkosten nicht erneut markant steigen können, bleibt nichts anderes übrig, als die Staatszuschüsse deutlich zu erhöhen.

Schaubild 4.11. Anstieg der öffentlichen Verschuldung (Brutto) der G-20 als Folge der Finanz- und Wirtschaftskrise (in % des BIP)

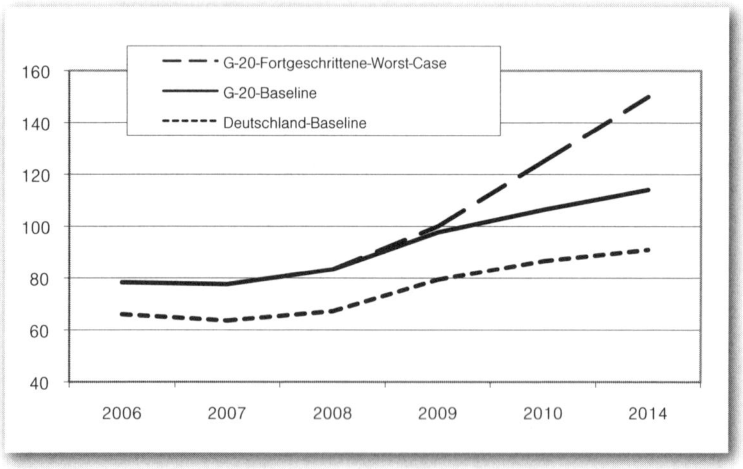

Anmerkung: Das Worst-Case-Szenario geht von einer längeren deflationären Phase aus – vergleichbar mit jener in Japan der 1990er Jahre. Das Wirtschaftswachstum liegt dann um 2 Prozentpunkte unter dem Baseline-Szenario und die Zinssätze sind um 200 Basispunkte höher. Zudem werden höhere Kosten für Verbindlichkeiten und Garantien angenommen. Der Verschuldungsanstieg einzelner Länder ist nach Kaufkraftparitäten gewichtet.

Quelle: IMF: Fiscal Implications of the Global Financial and Economic Crisis, IMF Staff Position Note, SPN/09/13, Washington D.C., June 9, 2009.

Selbst wenn das Wachstum langsam wieder anspringt und das Budgetdefizit auf 1,4 % des BIP zurückgefahren wird, prognostiziert der Währungsfonds bis 2014 einen Anstieg der deutschen Staatsverschuldung auf 91 % des BIP (bei den entwickelten G-20-Ländern sogar auf 114 %; siehe Schaubild 11). Doch dies ist eher die günstigere Variante. Bei einer längeren deflationären Phase wie in Japan würde die Verschuldung der entwickelten G-20-Länder sogar 150 %

ihres BIP erreichen. Für Deutschland liegen hierzu keine Schätzungen vor, doch wird die Staatsverschuldung dann wahrscheinlich deutlich über 100 % des BIP liegen. Keine rosigen Aussichten für den Gestaltungsspielraum der Politik.

Lösungsstrategien
Kurzfristige Maßnahmen: Kein Spielraum für Steuersenkungen - Begrenzung der Ausgaben auf konjunkturwirksame Maßnahmen

Im deutschen Wahlsommer 2009 konnte man vermuten, dass angesichts des dramatischen Schuldenanstiegs die Wahlversprechen zur Steuersenkung oder weitreichender Steuerstrukturreformen, deren kurzfristige konjunkturelle Effekte schwer abzuschätzen sind, nach dem Regierungsantritt auf Eis gelegt werden. Wahrscheinlicher erschien, dass nach einer Konsolidierung der Wirtschaftslage, man über die Korrektur der einen oder anderen systembedingten Ungerechtigkeit nachdenken würde. Nun hat nach dem Sieg des schwarz-gelben Bündnisses sich die neue Regierung doch für Steuererleichterungen, wenn auch im begrenzten Umfang und vieles unter Finanzierungsvorbehalten, ausgesprochen, um das Wirtschaftswachstum anzukurbeln.

In ungewöhnlicher Schärfe wurde dieses Ansinnen vom Sachverständigenrat in seinem Herbstgutachten 2009/2010 kritisiert, denn für Steuersenkungen fehle der finanzpolitische Spielraum gänzlich.[90] Springt die Wirtschaft rascher an, dann mögen die Spielräume etwas größer sein, zumal einige automatische Stabilisatoren, insbesondere Sozialausgaben, in der wirtschaftlichen Konsolidierung von selbst finanzpolitisch entlastend wirken, da u. a. durch einen Rückgang der Arbeitslosigkeit die staatlichen Zuschüsse zu den Sozialausgaben sinken. Andere temporäre fiskalische Maßnahmen müssen auslaufen, denn die Konsolidierung sollte Priorität haben. Der Sachverständigenrat äußerte aber unmissverständlich seine Kritik an dem Wachstumsbeschleunigungsgesetz, das in seiner Struktur nicht geeignet sei, wirksam das Wirtschaftswachstum in Deutschland zu fördern. Zudem fehle in Deutschland eine glaubhafte Exitstrategie, um aus der steigenden Staatsverschuldung herauszukommen.

Da „finanzpolitische Zaubertricks" nicht funktionieren und die gegenwärtige Krise (wie die meisten in der Vergangenheit auch) voraussichtlich länger dauern könnte als angenommen, wird die Haushaltskonsolidierung ein längerer Prozess sein. Dass es nicht unmöglich ist, sich aus der Zwangsjacke einer steigenden Verschuldung zu befreien, zeigen die Erfahrungen

---

90 Vgl. SACHVERSTÄNDIGENRAT (Sachverständigenrat zur Begutachtung der gesamtwirtschaftlichen Entwicklung) Jahresgutachten 2009/10: Die Zukunft nicht aufs Spiel setzen, Wiesbaden, November 2009, S. 1-23.

der USA und Schwedens in den 1990er Jahren und die zumindest kleinen Erfolge Deutschlands in den letzten Jahren vor der Krise. Wie stark der Konsolidierungsbedarf ist, hat der IWF berechnet.

Beginnend mit dem Jahr 2014 benötigt Deutschland einen Überschuss des primären Staatshaushaltes von 2,8 % des BIP über 15 Jahre, um die Verschuldung wieder auf 60 % des BIP zurückzuführen (vgl. Tabelle 4.3.). Dies entspricht bei einem unveränderten Politikszenario einer zusätzlichen fiskalischen Konsolidierungsleistung von 1,8 % des BIP jährlich (grau markierte Spalte). Eine solche Herausforderung ist durchaus zu bewältigen, erfordert aber äußerste Haushaltsdisziplin. Tabelle 4.3. zeigt auch, dass der Anpassungsbedarf in anderen Ländern weitaus größer ist.

Tabelle 4.3. Staatsschulden, Saldo des Staatshaushaltes und fiskalischer Anpassungsbedarf (in % des BIP)

Schätzung des World Economic Outlook (IWF, Oktober 2007)				
	Schulden (Brutto)		Haushaltssaldo (primär)	
Jahr	2009	2012	2009	2012
USA	63,4	65,8	-0,8	-0,3
Japan	194,2	189,6	-1,8	-0,2
Deutschland	61,1	59,4	2,1	2,0
Frankreich	63,0	60,5	-0,3	-0,8
Revidierte Schätzung des World Economic Outlook (IWF, April 2009)				
	Schulden (Brutto)		Haushaltssaldo (primär) in Klammern: Schulden stabilisierender Saldo entsprechend der Benchmark, grau: Anpassungsbedarf*	
Jahr	2009	2012	2009	2014
USA	87,0	106,7	-12,5	0,4 (3,9) **3,5**
Japan	217,2	234,2	-8,6	-4,7 (9,6) **14,3**
Deutschland	79,4	91,0	-2,4	1,0 (2,8) **1,8**
Frankreich	74,9	89,7	-4,1	-1,8 (2,7) **4,5**

Anmerkung: *Durchschnittliche Primärbilanz des Staatshaushaltes, die Ende 2014 benötigt wird, um den Schuldenstand unter die Benchmark von 60 % des BIP zu senken (für Japan Halbierung des Schuldenstandes 2014).

Quelle: IMF: Fiscal Implications of the Global Financial and Economic Crisis, IMF Staff Position Note, SPN/09/13, Washington DC, June 9, 2009. World Economic Outlook (IWF, Oktober 2007) World Economic Outlook (IWF, April 2009).

Mittel- und langfristige Strategien: Restriktive Fiskalpolitik –
Prioritäten bei den staatlichen Ausgaben setzen

Letztlich können die Schulden nur durch Begrenzung der Staatsausgaben, d. h. durch Kürzung staatlicher Leistungen, höhere Steuern, d. h. zusätzliche Belastung der Bürger, und/oder durch höheres Wirtschaftswachstum finanziert werden. Letzteres wäre der Königsweg, doch wie ist er zu erreichen? Eine Begrenzung der Staatsausgaben könnte dem Wirtschaftswachstum dienlich sein, wenn Subventionen und Belastungen für die Wirtschaft abgebaut werden. Doch die jüngsten Sparrunden, u. a. in Bayern mit dem Ziel eines ausgeglichenen Haushalts, haben die öffentliche Stimmung gegenüber weiteren Einschnitten erheblich verschlechtert. Dazu kommt, dass den Bürgern für ihren Sparwillen in absehbarer Zukunft keine höheren Einkommen oder bessere und gezielte staatliche Leistungen für Bildung und Familien versprochen werden können. Gegen große Einsparpotentiale spricht auch, dass in der Wirtschaftskrise die Sozialausgaben nicht drastisch begrenzt werden können, denn dies hätte möglicherweise weitreichende gesamtgesellschaftliche Folgen.

Um die Wachstumsfähigkeit der deutschen Volkswirtschaft als entscheidende Voraussetzung auch für den mittelfristigen Schuldenabbau zu erhöhen, wird die deutsche Gesellschaft in der Krise verstärkt Prioritäten bei den staatlichen Ausgaben setzen müssen. Über einen Sonderbeitrag der Banken kann sicherlich nachgedacht werden, um die Kosten der Bankenrettung zu decken. Dieser muss jedoch so gestaltet werden, dass keine negativen Auswirkungen auf die Kreditvergabe drohen.[91] Ein über die Legislaturperiode hinausgehendes Programm zur Sanierung der Staatsfinanzen sollte Ausgabenbegrenzungen mit klaren fiskalischen Regeln und strukturellen Maßnahmen zur Wachstumsförderung kombinieren.

Zusätzlich werden Einschnitte und Reformen in den Sozialsystemen – insbesondere bei der Kranken- und Pflegeversicherung – schon aus demographischen Gründen notwendig sein, um die Substanz der sozialen Sicherung auch hinsichtlich der Generationengerechtigkeit zu erhalten. Untersuchungen des IWF zeigen, dass die langfristigen fiskalischen Folgen des demographischen Wandels in den entwickelten Industrienationen bei weitem die Kosten der Finanzkrise überschreiten. Zu einer ähnlichen Aussage kommt eine Studie der Bundesbank, die die Forschungsergebnisse der EU-Kommission wiedergibt.[92] Darin heißt es, dass in den nächsten 50 Jahren

---

91 Vgl. hierzu auch PROJEKTGRUPPE GEMEINSCHAFTSDIAGNOSE: Gemeinschaftsdiagnose Herbst 2009, Zögerliche Belebung – steigende Staatsschulden, in: ifo-Schnelldienst, Nr. 20, 62. Jg., 43-44. KW vom 26. Oktober 2009, S. 45-61.

92 Vgl. DEUTSCHE BUNDESBANK: Demographischer Wandel und langfristige Tragfähigkeit der Staatsfinanzen. Monatsbericht Juli 2009, S. 31-47.

die altersabhängigen Staatsausgaben (Rente, Pensionen, Gesundheit, Pflege) in Deutschland um 4,8 Prozentpunkte von derzeit 23,6 % (2007) auf 28,4 % des BIP (2060) steigen werden. In einer pessimistischeren Variante umfasst diese Quote sogar fast ein Drittel des BIP. Auch im günstigeren Szenario würde der Gesamtbeitragssatz der Sozialversicherungen (von heute knapp 40 %) im Jahre 2060 fast 50 % betragen – zuzüglich der Steuererhöhungen zur Finanzierung der verschiedenen Bundeszuschüsse. Will man diese zusätzlichen demographischen Belastungen vermeiden (d. h. den Gesamtbeitragssatz auf 40 % konstant halten), müsste unter der Annahme einer konstanten altersbedingten Ausgabenquote von 28,3 % nach 2060 unmittelbar und anhaltend das Defizit des primären Staatshaushaltes um 3 Prozentpunkte gesenkt werden.

Schaubild 4.12. Altersbedingte Staatsausgaben in verschiedenen EU-Ländern (Projektionen von 2007 bis 2060, in % des BIP)

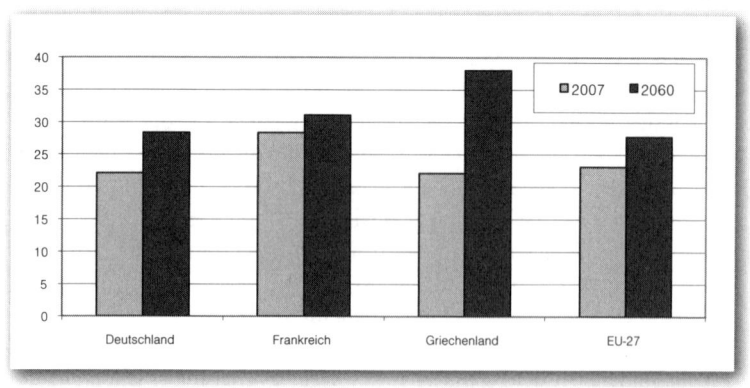

Quelle: Deutsche Bundesbank: Demographischer Wandel und langfristige Tragfähigkeit der Staatsfinanzen. Monatsbericht Juli 2009, S. 33, basierend auf: European Commisssion (DG ECFIN) and the Economic Committee (AWG: The Aging Report: Economic and budgetary projections fort the EU-27 Member States (2008 - 2060: European Economy No. 2, 2009).

Weitere Anpassungen in den Sozialsystemen vorzunehmen, wird die schwierige Aufgabe der neuen Bundesregierung sein. Unbequeme Antworten werden sicherlich gesellschaftspolitischen Zündstoff bieten, zumal Gerechtigkeit als erstrebenswertes Ziel in der deutschen Bevölkerung tief verwurzelt ist und der soziale Konsens durch exorbitante Managergehälter sowie die stärkere Einkommens- und Vermögensdifferenzierung gelitten hat. In diesem Kontext sei allerdings daran erinnert, dass Deutschland 2009 ca. 754 Mrd. Euro für soziale

Zwecke, d. h. etwa ein Drittel des deutschen Bruttosozialprodukts, ausgab. Jüngste Meldungen über einen dramatisch ansteigenden Fachkräftemangel in den nächsten 10 bis 20 Jahren verdeutlichen die Notwendigkeit, die Prioritäten stärker in Richtung Bildung und Ausbildung zu legen, um im internationalen Wettbewerb bestehen zu können. Hier offenbaren sich die größten Defizite hinsichtlich der Zukunftsfähigkeit Deutschlands.

4.4.6. Überbordende Staatstätigkeit

Die Rettung des internationalen Finanzsystems gelang nur durch massive Interventionen des Staates und der Zentralbanken. Letztere stellten den Banken Liquidität zur Verfügung. Finanzinstitute und Versicherungen wurden durch Staatsbürgschaften gerettet. Besonders in Großbritannien und zum Teil auch in den USA sind Finanzinstitute teilweise oder ganz verstaatlicht worden. In Deutschland erfolgte die Übernahme der Hypo Real Estate in die öffentliche Hand und sogar die Enteignung von Aktionären wurde in einem Sondergesetz ermöglicht, um Steuergelder zu retten.

Der Staat gilt zunehmend als Retter in höchster Not bzw. als „Lender of Last Resort". Sein Eingreifen beschränkt sich nicht nur auf den Bankensektor. Immer mehr Unternehmen fordern staatliche Hilfen mit dem Argument, sie seien unverschuldet in extreme Schwierigkeiten geraten. GM, Opel, Schäffler, Karstadt und Quelle sind die letzten bekannten Beispiele. Überbrückungshilfen, Staatsbürgschaften und teilweise direkte Staatsbeteiligungen werden gefordert und insbesondere bei Schlüsselindustrien gewährt. Mitunter entsteht der Eindruck, der Staat gerät in den Einflussbereich von Interessensgruppen, denen die Rezession und der Verlust von Arbeitsplätzen als Vorwand dienen, ihre eigenen Strukturprobleme zu verschleiern.

Die Frage stellt sich, ob ordnungspolitische Grundsätze in Krisenzeiten über Bord geworfen werden dürfen. Schon ein erster Verweis auf das Desaster mit den öffentlich-rechtlichen Landesbanken spricht langfristig gegen stärkere Staatseinflüsse. Die Geschäftspolitik der Landesbanken wurde maßgeblich durch die Politik beeinflußt und die Verluste durch die Steuerzahler sozialisiert. Interventionen in die Realwirtschaft sind marktverzerrend und stören den Wettbewerbsprozess. Solche Vorwürfe werden auch gegenüber dem Konjunkturprogramm geäußert. Als Paradebeispiel gilt die „Abwrackprämie". Die Kritik lautet, der Staat unterstütze einseitig die Automobilbranche; außerdem brächte die Prämie keinen dauerhaften konjunkturellen Effekt. Tatsächlich besteht die Gefahr, dass in der Krise die Staatsaktivität ausgeweitet, danach aber nicht auf ihr vorhergehendes

Maß zurückgefahren wird. Erfahrungsgemäß wird eine überbordende Staatsaktivität langfristig zur Wachstumsbremse.

Lösungsstrategien
Kurzfristige Maßnahmen: Konzentration auf systemrelevante Bereiche

Richtschnur staatlichen Handels sollte sein, sich auf systemrelevante Bereiche zu konzentrieren. Der Staat kann nicht der bessere Banker und Manager sein. Systemrelevant ist letztlich nur der Bankensektor, denn er gleicht dem Blutkreislauf, er versorgt die Wirtschaft mit notwendigem Kapital. Dennoch bleibt es schwierig, zu bestimmen, wann der Staat eingreifen sollte bzw. sogar muss. Kurz vor der Insolvenz von Lehman Brothers waren große Teile der amerikanischen Öffentlichkeit, des Kongresses sowie namhafte Ökonomen gegen weitere Interventionen. Von vielen Seiten kamen, wie bereits oben beschrieben, die Forderungen, ein Exempel zu statuieren, um ein drohendes „Moral Hazard" zu vermeiden. Die Gefahr einer Insolvenz sollte wieder glaubhaft werden, aber die desaströsen Folgen einer solchen Haltung haben alle eines Besseren belehrt.

Wirtschaftspolitische Fehler sind in solchen Krisensituationen unvermeidlich, in denen schnell gehandelt werden muss. Auch eine die besten Absichten verfolgende Wirtschaftspolitik ist zu politischen Kompromissen gezwungen. Oft stellt sich nicht die Frage, ob der Staat intervenieren soll, sondern auf welche Weise. Unterschiedliche Aspekte sind zu berücksichtigen. Manche ordnungspolitisch fragwürdige Maßnahmen, wie beispielsweise die „Abwrackprämie", wirken konjunkturpolitisch sofort. Andere Maßnahmen, Investitionen in Infrastruktur und Bildung, wären zwar sinnvoller, greifen jedoch erst zeitverzögert und vielleicht erst dann, wenn die Konjunkturkrise überwunden ist. Grundsätzlich stellt sich die Frage, wie der Staat Fehlspekulationen und Missmanagement begegnen soll? Rettet er einzelne Unternehmen, warum dann nicht auch jene in einer anderen Branche? Welcher wirtschaftspolitischen Leitlinie könnte er folgen?

Systemrelevante von nicht-systemrelevanten Bereichen zu unterscheiden, ist selbst im Finanzsektor nicht einfach. Einzelne Institute (u. a. die Hypo Real Estate) sind systemrelevant, doch sicherlich nicht alle. Angesichts des Vertrauensverlusts im gesamten Bankensystem bergen Bankenpleiten ein zu großes Risiko. Als Folge der Schutzschirme für Finanzinstitute könnte der Strukturwandel in dieser Branche zum Erliegen kommen. Gewährt der Staat Unterstützungen und Garantien (mit Auflagen), übernimmt er zwangsläufig eine „aktive Rolle" in der Umstrukturierung des Sektors. Dies gilt vor allem für die Landesbanken, die ohnehin unter weitaus größerem politischen Einfluss stehen. Gerade in diesem Bankensegment ist eine tiefgreifende Umstrukturierung notwendig, die der strategischen

Entscheidung des Staates bedarf. Das operative Geschäft sollte der Staat jedoch meiden und möglichst rasch seinen Rückzug planen.

In allen anderen Wirtschaftsbereichen ist der Staat gut beraten, nur dann „Überbrückungshilfe" zu leisten, wenn durch die aktuelle Krise die Insolvenz eigentlich solider Unternehmen droht. Gewisse Kriterien werden von der Bundesregierung herangezogen, wie z. B., ob ein Unternehmen erst nach dem 1.7.2008 in Schwierigkeit geraten ist. Nicht einfach zu bewerten ist, ob die Kosten im angemessenen Verhältnis zu den langfristigen positiven wirtschaftlichen und sozialen Effekten einer Unternehmensrettung stehen. Dies gilt insbesondere bei dramatischen sozialen Auswirkungen in einigen Regionen. Die Gefahr von Fehlentscheidungen ist groß. Im schlimmsten Falle gehen Arbeitsplätze verloren und zusätzlich ist der Steuerzahler belastet (Holzmann-Pleite und jüngst die Insolvenz des Quelle-Konzerns). Staatliche Überbrückungshilfen sind vor dem Hintergrund der Finanzkrise dann zu rechtfertigen, wenn infolge der Kreditklemme einem Unternehmen unverschuldet die Insolvenz droht. Sollten sich solche Überbrückungshilfen als Fehlinvestitionen oder Dauersubventionen entpuppen, müssen politische Konsequenzen gezogen werden.

Mittel- und langfristige Strategien: Neues Verhältnis von Staat und Wirtschaft

Das Verhältnis von Staat und Wirtschaft muss in vielen Bereichen auf eine neue Grundlage gestellt werden. Schon gilt der Staat als Retter des Marktes.[93] Zunächst steht das Krisenmanagement im Vordergrund, um massive wirtschaftliche Verwerfungen abzuwenden. Mittel- und langfristig sind jedoch Strukturen aufzubauen, um die Fehler der Vergangenheit in Zukunft zu vermeiden. Zentrale Aufgabe ist eine stärkere Regulierung der Finanzmärkte. Der Staat ist angehalten, die Spielregeln in diesem Segment der Wirtschaft neu festzulegen, nicht aber langfristig zum Akteur im Wirtschaftsgeschehen zu werden. Dies ist das entscheidende wirtschaftspolitische Credo des Ordoliberalismus, der in dieser Krise ein Comeback erlebt. Die Zeit einer nicht hinterfragten Deregulierung ist eindeutig abgelaufen.

Im Zentrum steht dabei die Neuordnung der Finanzmärkte. Sie kann nur international koordiniert zustande kommen, zumindest was zentrale Mindeststandards und einige Grundregeln betrifft. Andere Bereiche können bzw. müssen national gelöst werden. Offen ist die Frage, wie auf europäischer Ebene die Finanzmarktregulierung organisiert werden soll. In einem

---

[93] Vgl. BOFINGER, PETER: Ist der Markt noch zu retten?: Warum wir jetzt einen starken Staat brauchen, Berlin 2009.

einheitlichen Binnenmarkt und immer stärker zusammenwachsenden Kapitalmärkten ist zumindest eine gemeinsame Rahmenregulierung notwendig. Erste Maßnahmen wurden im Juni 2009 auf dem EU-Gipfel beschlossen. Allerdings sind viele komplizierte Einzelfragen zu klären. Auch stoßen noch immer recht unterschiedliche Interessenslagen aufeinander. Schon jetzt zeichnet sich ab, dass die angelsächsischen Länder eine zu enge Regulierung im Gegensatz zu den Kontinentaleuropäern ablehnen. Dennoch zeigte der Sondergipfel am 17. September 2009, dass sich die EU-Mitgliedsstaaten auf eine gemeinsame Marschroute u. a. für das G-20-Treffen der größten Industrie- und Schwellenländer am 24. und 25. September 2009 in Pittsburgh, USA einigen konnten.

Neben Mindeststandards für die Bankenaufsicht sind neue restriktivere Regelungen zur Eigenkapitalunterlegung und zur Überprüfung neuer Finanzprodukte sowie möglicherweise ihrer Überwachung durch eine entsprechende Behörde notwendig. Die Kontrolle von Hedgefonds und Rating-Agenturen ist eine weitere zentrale Forderung. Über Art und Umfang der Regulierung wird auf den internationalen Finanzgipfeln gerungen werden müssen. Eine zu enge Regulierung überfordert möglicherweise die Überwachungsfähigkeit des Staates und unterbindet die Eigeninitiative und Innovationen im Finanzsektor. Geeigneter wären einfache und robuste Regelungen, die durchaus in einigen Bereichen sehr restriktiv ausfallen könnten (u. a. deutliche Erhöhung der Eigenkapitalanforderungen). Die breite Öffentlichkeit kann die Vorschläge angesichts deren Komplexität jedoch kaum bewerten.

Wie können globale Ungleichgewichte, zum Beispiel Spekulationsblasen und hohe Leistungsbilanzdefizite bzw. -überschüsse, stärker kontrolliert werden? Zumindest ein besseres Frühwarnsystem sollte möglich sein. Eine zentrale Rolle im Aufbau einer neuen Finanzmarktarchitektur wird der Weltbank und insbesondere dem IWF zukommen. Der IWF hat in den letzten Jahren angesichts des Aufbaus großer Währungsreserven in den Schwellenländern, insbesondere in China und Russland, dramatisch an Bedeutung verloren, gewinnt aber in der aktuellen Krise wieder zunehmend an Einfluss. Der IWF bewahrte einzelne Länder wie Island vor dem Bankrott und stützte andere wie Ungarn mit Milliardenhilfen. Teilweise fordern die Schwellenländer umfassende Reformen des IWF und des internationalen Währungssystems. Zuletzt hatte China die Ablösung des US-Dollar als internationale Leitwährung angeregt. Wenig wahrscheinlich ist, dass ein tiefgreifender Umbau bevorsteht, wie es in der Forderung nach einem neuen Bretton-Woods-System zum Ausdruck kommt. Zu hoffen ist, dass eine intensivere Regulierung und Koordinierung bleibendes Ergebnis der Krise sein wird.

4.4.7. Bricht die Eurozone auseinander?

Schon seit einigen Jahren divergieren verschiedene monetäre Indikatoren, vor allem Inflationsraten und realwirtschaftliche Wettbewerbskennziffern in den einzelnen Ländern der Eurozone. Der Vorwurf von Euroskeptikern lautet, der fehlende Währungswettbewerb in der Eurozone habe die Wachstums- und Inflationsraten auseinanderdriften lassen. In der Finanzkrise erweise sich deshalb die Währungsunion als eine kostenlose Rückversicherung für die schwächeren Euroländer mit einer höheren Verschuldung und Inflation. Aus der vermeintlichen Stabilitätsgemeinschaft sei eine „Haftungsgemeinschaft" geworden, weil letztlich bei realistischen Wechselkursen die Starkwährungsländer entsprechende Ressourcen für den höheren Lebensstandard und die Vermögensbildung der schwächeren Länder bereitstellen müssten.[94] Die Euro-Krise im Frühjahr 2010 scheint diese Argumentation zu stützen.

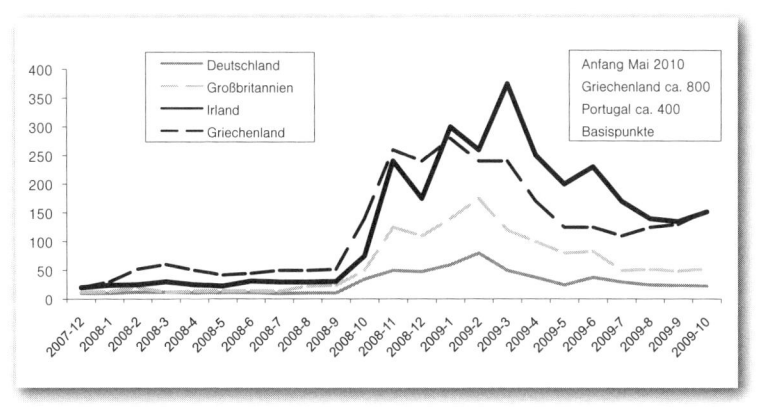

Schaubild 4.13. Prämien für Kreditausfallswaps (in Basispunkten)

Anmerkung: Trendentwicklung approximiert (jeweils Stand Ende des Monats); Kreditausfallswaps (Credit Default Swaps: CDS) sichern Kredite gegen Ausfallrisiken ab. Der Sicherungsnehmer zahlt hierfür Prämien an den Sicherungsgeber, der sich als Gegenleistung zu einer Ausgleichzahlung bei Kreditausfall oder Verzug an den Sicherungsnehmer verpflichtet. Die Höhe der Prämien hängt entscheidend von der Bonität, der Definition des Kreditereignisse und der Laufzeit des Vertrages ab.
Quelle: Deutsche Bundesbank: Finanzstabilitätsbericht 2009, Frankfurt Main, November 2009.

Tatsächlich waren im Zuge der Finanz- und Wirtschaftskrise Entwicklungen zu beobachten, die sich als Gefahr für den Euro herausstellen könnten.

---

94 Vgl. STARBATTY, JOACHIM: Die Konsequenz fehlender realer Konvergenz: Die Währungsunion vor der Zerreißprobe, in: ifo/Schnelldienst, Nr. 5/2009, S. 3 - 7.

Sichtbares Zeichen sind die sich im Euroraum vergrößernden Spreads, d. h. die Zinsdifferenzen zwischen den Staatsanleihen einzelner Länder. Auch die Risikoaufschläge für Kreditausfallswaps spiegeln diese Situation wider (siehe Schaubild 4.13. und dortige Anmerkung). So haben sich die Risikoaufschläge für das hoch verschuldete Griechenland dramatisch erhöht. Anfang Mai 2010 konnte der Staatsbankrott nur durch Kreditzusagen anderer Euroländer und des IWF von 110 Mrd. Euro abgewendet werden. Auch in Irland, Portugal und Spanien entwickelte sich die Staatsverschuldung besorgniserregend, was sich in entsprechenden Risikoprämien niederschlug. Eine unkontrollierbare Spekulationswelle gegen andere Euroländer, u.a. Portugal und Spanien, konnte zwar im Mai 2010 dank eines 750 Mrd. hohen Hilfspakets der gesamten Eurozone abgewendet werden. Dennoch besteht weiterhin die Sorge, dass die Eurozone auseinanderbrechen könnte. Große Verwerfungen für Europa und die Europäische Union wären die Folge.

Kurzfristige Maßnahmen

Als kurzfristige Lösungsstrategie bietet sich an, eine Euroanleihe aufzulegen, um den schwächeren Ländern der Währungsunion bessere Finanzierungsmöglichkeiten einzuräumen. Mit einer solchen Anleihe, für die aber alle Staaten der Eurozone haften müssten, könnten die schwächeren Länder ihre Schulden wesentlich günstiger finanzieren. Für die Euro-Kernländer und vor allem für Deutschland würde dagegen die Zinslast steigen, denn die höhere Risikoprämie müsste mitgetragen werden. Dies ist letztlich der Grund, warum ein solches Konzept zunächst nicht mehrheitsfähig war, zumal alle Euroländer als Folge der Krise mit deutlich steigenden Staatsschulden zu kämpfen haben. Jede Verschlechterung ihrer eigenen Kreditpositionen würde ihren politischen Spielraum noch weiter einengen. Gegen Euroanleihen spach zunächst auch, dass aufgrund der losen Regelbindung des Stabilitätspaktes das einzige wirksame Bestrafungsinstrument gegen unsolide Haushaltspolitik, nämlich die durch den Markt gesetzten Risikoaufschläge, unwirksam würden. Angesichts der Euro-Krise im Frühjahr 2010 wurde dies allerdings insofern aufgeweicht, als die EU-Kommission Geld auf den Kapitalmärkten zur Stabilisierung einzelner Länder aufnehmen kann.

Stabilisierungshilfen werden jedoch an bestimmte wirtschaftspolitische Voraussetzungen wie etwa wirksame Haushaltskonsolidierung geknüpft. Explizit ist in den EU-Verträgen zwar eine „Non-Bail-Out-Klausel" (Art. 103 EGV) festgehalten, die verpflichtende Maßnahmen anderer EU-Länder zur Rettung einzelner in Not geratener Euroländer ausschließt, doch wird sie nunmehr faktisch umgangen, um größere Verwerfungen in der EU zu vermeiden. Eine massive Verletzung stabilitätspolitischer Auflagen der EU-Kommission und des Rats „Wirtschaft und Finanzen" (ECOFIN) wird aber eine Kontrolle des Staatshaushaltes durch EU-Kommission und IWF nach sich ziehen. Zu berücksichtigen ist jedoch, dass die Durchsetzung einer von der Kommission oder den übrigen Euroländern auferlegten „Konditionalität", d. h. die Verhängung und überprüfte Einhaltung zusätzlicher wirtschaftspolitischer Auflagen, zu innenpolitischen und außenpolitischen Spannungen führen könnte.

Die Euro-Krise Anfang 2010 zeigt, dass viele Jahre die geringen Zinsdifferenzen zwischen den einzelnen Staatspapieren die Risiken zwischen den einzelnen Ländern in der Währungsunion nicht richtig widergespiegelt haben. Experten weisen darauf hin, dass auch in den USA, d. h. innerhalb eines Staatsgebietes, ähnliche „Spreads" zwischen Anleihen einzelner Bundesstaaten zu beobachten seien. Niemand wird deshalb vor der Gefahr eines möglichen Auseinanderbrechens des US-Dollar-Raumes warnen. Allerdings ist die politische Bindungskraft in der amerikanischen Nation ungleich stärker als innerhalb des Staatenbundes der Europäischen Union.

Mittel- und langfristige Strategien:
Große Vorsicht bei Erweiterung der Eurozone

Zunächst hat sich der Euro als Stabilitätsanker in der gegenwärtigen Finanz- und Wirtschaftskrise erwiesen. Sehr wahrscheinlich wäre Europa ohne Gemeinschaftswährung in große Währungsturbulenzen geraten. Auch hätten einige Länder einen dramatischen Kapitalabzug und Währungsverfall hinnehmen müssen, wie gegenwärtig viele Schwellenländer aber auch etliche östliche EU-Mitgliedsländer. Demgegenüber hätte Deutschland wahrscheinlich mit einem Aufwertungsschock zu kämpfen, was für uns als große Exportnation verhängnisvoll gewesen wäre.

Der Euro kann gerade in der Krise als ungeheure Erfolgsgeschichte der europäischen Integration gewertet werden. Die Preisstabilität konnte über die vergangenen zehn Jahre gesichert werden. Zwar sind in jüngster Zeit die Inflationsdifferenzen in der Eurozone gewachsen, doch ist seit den 1990er Jahren langfristig eine bemerkenswerte Konvergenz der meisten monetären Indikatoren zu beobachten. Der kaum zu überschätzende Vorteil der Gemeinschaftswährung liegt zudem darin, dass sich das Wechselkursrisiko insbesondere für die stark exportabhängige deutsche Wirtschaft deutlich reduziert hat. Zudem hat sich der Euro als internationale Reservewährung etabliert. Es ist deshalb unwahrscheinlich, dass die Politik in Europa dieses Faustpfand der Integration leichtfertig aufs Spiel setzen wird.

Mittel- und langfristig ist problematisch, dass sich die reale Wettbewerbsposition der Euroländer verschoben hat. Während Deutschland über die letzten 10 Jahre seine Lohnstückkosten konstant gehalten hat, sind sie in vielen anderen, vor allem südlichen Euroländern (Italien) stark gestiegen.

Reale Anpassungen werden dort notwendig. Erfolgen sie nicht, gerät der Euro politisch auch in diesen Ländern unter Druck, wenn sich die Krise verschärft. Eine engere wirtschaftspolitische Koordinierung ist deshalb in der Eurozone wichtig, in ihren Möglichkeiten allerdings bis heute sehr begrenzt. Der Forderung nach einer europäischen Wirtschaftsregierung stehen Deutschland und Großbritannien weiterhin äußerst skeptisch gegenüber. Angesichts der Risiken innerhalb der bestehenden Währungsunion wird eine Erweiterung der Eurozone wahrscheinlich mit noch größerer Vorsicht vorgenommen werden.

4.5. Politische Dimension der Neuordnung des Finanzsektors

Die Finanzkrise ist nicht nur Ergebnis einzelner politischer Fehlentscheidungen und technischer Regulierungsdefizite, sondern sie hat auch tiefere gesellschaftspolitische Ursachen. Vor allem in den USA existierte eine beängstigende Interessensverflechtung zwischen Finanzindustrie und politischer Elite – gleich welcher politischen Couleur. Über Jahrzehnte hat diese Verbindung, deutlich sichtbar durch intensivste persönliche Verflechtung, wie dim Falle des früheren US-Finanzminister Henry Paulson, der jahrelang Vorsitzender der Investmentbank Goldman Sachs war, dazu geführt, dass im US-Finanzsektor die Regulierungen abgebaut wurden, um den Kredithebel, d. h. die Gewinne der Finanzindustrie, durch immer weniger Eigenkapital anzuheben. Letztlich ist diese Interessensverflechtung, also im Mancur Olsonschen Sinne die Durchsetzungsfähigkeit partikularer Interessen, dafür verantwortlich, dass die Finanzindustrie nicht nur national in den USA, sondern sogar global ungezügelt agieren konnte. Ähnlich wie in vielen Schwellenländern, darauf weist der ehemalige Chefökonom des IWF, Simon Johnson, hin, müssen diese Interessensverflechtung aufgelöst werden.[95]
Es wäre fatal nach dieser gigantischen Rettungsaktion für den Finanzsektor, in dessen Folge der größte Schuldenberg der Geschichte entstanden ist, dem „Kasino-Kapitalismus" weiter freien Lauf zu lassen.[96]
Ein solides Finanzsystem kann nur entstehen, wenn diese Interessensverflechtungen aufgelöst oder zumindest stark abgeschwächt werden und eine tiefgreifende Umstrukturierung des Bankensektors eingeleitet wird. Sinnvoll ist nicht nur die staatliche Überwachung aller Finanzinstitutionen und Regionen, sondern auch

---

95 SÜDDEUTSCHE ZEITUNG: Interview mit Simon Johnson: „Wir müssen die Macht der Wall Street brechen", vom 21.5.2009.

96 Vgl. QUAISSER, WOLFGANG: Konsequenzen der Finanz- und Wirtschaftskrise für Politik und Gesellschaft, Akademie Kurzanalyse, Nr. 2/2009.

die Durchsetzung robuster und durchgreifender Regeln. Moralische Appelle an die Ethik im wirtschaftlichen Handeln sind sicherlich angebracht und gut gemeint, werden aber nicht das entscheidende Instrument sein, die Solidität des Finanzsystems zu verbessern. Eine drastische Anhebung des Eigenkapitals zur Absicherung einzelner Finanzprodukte und eine stärkere Haftung der Manager und Eigentümer im gesamten Banken- und Finanzsektor würden sicherlich wirksam davor schützen, unkalkulierbare Risiken einzugehen. Nur wer mit seinem eigenen Vermögen zumindest teilweise haftet, wird unüberschaubare Risiken vermeiden.

Gleichzeitig muß darüber nachgedacht werden, ob Banken mit systemrelevantem Charakter nicht in kleinere Einheiten reorganisiert werden sollten. Warum sollte eine Bank mit dem Hinweis auf ihre Systemrelevanz ganze Staaten dazu nötigen, sie mit dem Argument „Too big to fail", also im Interesse der Aufrechterhaltung des modernen Kapitalismus, vor dem Untergang zu bewahren? Eine derartige Erpressungssituation ist für die demokratische Gesellschaft und eine dynamische Marktwirtschaft unerträglich. Letztlich müssen Banken so beschaffen und/oder die Risiken so reguliert sein (u. a. durch differenzierte Regelungen nach dem Grad der Systemrelevanz), dass auch Finanzinstitute bankrott gehen können. Sie sollten demnach dem Wettbewerb genauso ausgesetzt sein wie alle anderen Wirtschaftseinheiten. Schmerzhafte Umstrukturierungen im Bankensystem sind deshalb unumgänglich. In Deutschland geht es dabei auch darum, die Verflechtung von Landesbanken und Politik aufzulösen und tragfähige Geschäftsmodelle für ein oder zwei Institute landesweit zu entwickeln.

Zugleich gilt es, die internationale, europäische und nationale Aufsicht des Finanzsektors einschließlich der Frühwarnsysteme zu verbessern. Diese sehr komplexen technischen und politischen Probleme werden sich nicht von heute auf morgen bewältigen lassen. Dennoch ist zügiges Handeln geboten, denn nur wenn dies gelingt, werden wir einen stabileren internationalen Finanzsektor erhalten. Die konzeptionelle Ausarbeitung und politische Abstimmung befinden sich erst ganz am Anfang. Die neue Bundesregierung sollte sich diesem Ziel verpflichtet fühlen, denn niemand möchte eine Wiederholung der dramatischen Ereignisse des Herbstes 2008, als das internationale Finanzsystem und in Folge die Weltwirtschaft vor dem Abgrund standen. Kein geringerer als der Chef der Europäischen Zentralbank (EZB) Jean-Claude Trichet brachte es auf dem 19. European Banking Congress in Frankfurt am Main im November 2009 auf den Punkt: „Unsere Demokratien werden eine so umfangreiche Unterstützung des Finanzsektors mit dem

Geld der Steuerzahler nicht zweimal akzeptieren".[97] Er warnte zugleich die Finanzbranche, wenn nicht die richtigen Schlüsse gezogen würden, drohe der gesellschaftliche Zusammenbruch.

Die Gesellschaft kann deshalb zu Recht von der neuen Bundesregierung, der Europäischen Union und der Finanzbranche ein entschlossenes Handeln erwarten.

4.6. Ausblick

Die im Herbst 2009 zu beobachtende Stabilisierung der internationalen Wirtschaftslage und die Erholung der Aktienkurse können nicht darüber hinweg täuschen, dass die Situation des Finanzsektors immer noch kritisch ist. Möglicherweise drohen den Bankenbilanzen neue massive Belastungen, wenn Unternehmenspleiten sich mehren und größere Kreditausfälle anstehen. Verschärfte Kreditbedingungen könnten dann die Realwirtschaft zusätzlich belasten und eine steigende Arbeitslosigkeit zur Folge haben. Aus diesem Grunde ist es leichtfertig, wenn Politiker und Banken den Eindruck erwecken, die Krise sei (Herbst 2009) bereits überwunden, so verständlich der Wunsch nach Trendumkehr und mentaler Beruhigung sein mag. Auch in den 1930er stabilisierte sich die Wirtschaft zeitweise, um dann weiter auf Talfahrt zu gehen (vgl. Kasten 4.3.).

Dennoch ist die heutige Situation nicht mit der „Großen Depression" vergleichbar, obwohl im Herbst 2008 die Korrekturen am Aktienmarkt sowie der Einbruch im Handel und in der Produktion weltweit vergleichbare und teilweise sogar schärfere Dimensionen annahmen.[98] Die Politik bekennt sich im Gegensatz zu damals nach wie vor zur Globalisierung. Diese Lehre aus der Geschichte wurde offensichtlich gezogen und es ist davon auszugehen, dass diese Erkenntnis trotz der vielfach verdeckten protektionistischen Maßnahmen nicht vergessen wird. Auf die gegenwärtige Krise hat man bisher makroökonomisch weitgehend richtig reagiert und die Abwärtsspirale durch gravierende Politikfehler nicht noch weiter beschleunigt.

Gleichwohl steht die Weltwirtschaft vor massiven Anpassungen, die mit dem Abbau und der Umstrukturierung von Produktionskapazitäten einhergehen werden. Die tragenden Säulen des weltwirtschaftlichen Booms der letzten beiden Jahrzehnte, nämlich die Politik des billigen Geldes und der amerikanische Überkonsum, werden in den nächsten Jahren sicherlich als Konjunkturmotor ausfallen. Anpassungen beim Verbrauch und beim Sparverhalten in den

---

97 Zitiert nach: „Trichet: Demokratie bei neuen Krisen gefährdet", in: BÖRSEN-ZEITUNG, Frankfurt am Main, vom 21.11.2009.

98 Vgl. EICHENGREEN, BARRY/O'ROURKE, K. H.: A Tale of Two Depressions, forthcoming paper for: Economic Policy (2009).

USA sind notwendig. Ob dynamisch wachsende Schwellenländer die USA als Zugpferd der Weltwirtschaft ersetzen können, bleibt offen. Viele dieser Länder, insbesondere China, werden ihr exportorientiertes Wachstumsmodell hinterfragen, denn die Korrekturen der weltweiten Ungleichgewichte haben begonnen. Der daraus erwachsende Strukturwandel wird schmerzhaft sein.

Hinzu kommen beachtliche fiskalpolitische Herausforderungen, denn es gilt, die im Zuge der Konjunkturprogramme und Rettungspakte aufgebauten Schulden langsam wieder abzutragen. Dadurch wird in den nächsten Jahren der Handlungsspielraum der Politik auch in Deutschland deutlich eingeengt. Vor diesem Hintergrund sind die Möglichkeiten, die Bürger durch Steuersenkungen zu entlasten, begrenzt, denn sie müssten mit einer massiven langfristigen Verschuldung bezahlt werden (ähnlich wie damals bei der deutschen Einheit). Negative Folgen für das langfristige Wirtschafftswachstum wären zu erwarten.

Kasten 4.3. Vergleich Große Depression ab 1929 und Finanz- und Wirtschaftskrise ab 2008

Im Herbst 2008 schien die Weltwirtschaft in eine ähnlich tiefe Krise wie während der Großen Depression der 1930er Jahre zu geraten. Einige Indikatoren, u. a. der dramatische Einbruch des Welthandels sowie der internationalen Aktienmärkte, wiesen sogar noch stärkere Rückgänge als im Jahre 1929 und 1930 auf. Seit Sommer 2009 geben die Erholung der Industrieproduktion, der Börsen und des Welthandels Anlass zur Hoffnung, dass sich die Weltwirtschaft stabilisiert. Dennoch weisen beide Krisen beunruhigende Parallelen auf: überschuldete Haushalte in den USA, eine platzende Spekulationsblase, globale Ungleichgewichte und eine Bankenkrise.

Ähnlich wie heute machte die amerikanische Zentralbank Fehler, die durch Probleme des internationalen Finanzsystems verschärft wurden. 1929, zehn Jahre nach dem Ersten Weltkrieg, war Europa bei den USA hoch verschuldet. Die einzige Möglichkeit, den Europäern Kredit zu geben und gleichzeitig die Wirtschaft in Gang zu halten, waren niedrige Zinsen, was das Entstehen der Blasen begünstigte. In der jetzigen Krise spielten die globalen Ungleichgewichte zwischen Asien und Amerika eine zentrale Rolle. Die durch Exportüberschüsse erwirtschafteten Devisenbestände Chinas und anderer Länder Asiens wurden in den USA investiert, was dort das Zinsniveau drückte und die Blasenbildung begünstigte. In beiden Fällen wurden die Marktübertreibungen durch kreditfinanzierte spekulationsorientierte Anlagen (also den Kauf von Häusern oder Aktien auf Pump) begünstigt.

Schaubild: 4.14. Weltweite Industrieproduktion
(Monate nach dem Höhepunkt)

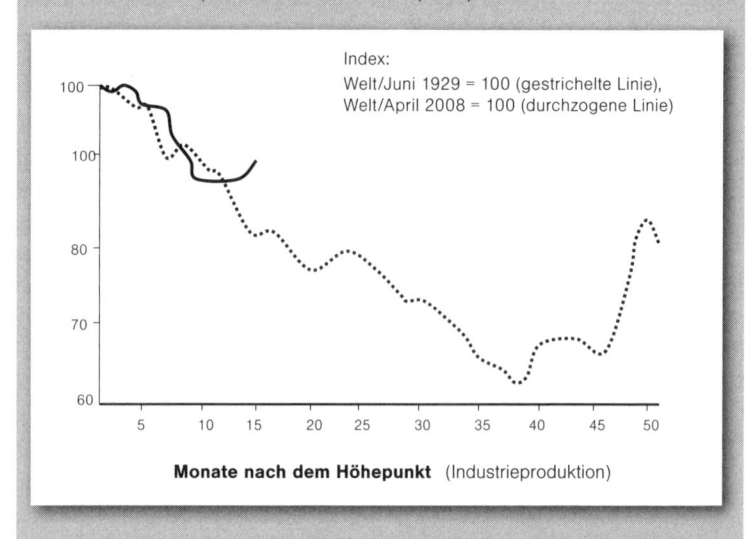

Index:
Welt/Juni 1929 = 100 (gestrichelte Linie),
Welt/April 2008 = 100 (durchzogene Linie)

Monate nach dem Höhepunkt (Industrieproduktion)

Bei näherer Untersuchung zeigen sich jedoch deutliche Unterschiede: 1929 platzte die Aktienblase, 2008 dagegen nach dem US-Immobilienboom die Kreditblase. 1929 brach zunächst die Spekulation zusammen, dann folgte die Bankenkrise erst mit zwei Jahren Verzögerung. In der jetzigen Krise waren beide Entwicklungen sehr eng miteinander verflochten, was ihre hohe Intensität und Geschwindigkeit erklärt. 2008 folgte der Aktiencrash relativ spät, d. h. nach dem Platzen der Immobilienblase und nach der Lehman-Pleite im Oktober 2008.

Sollte sich die gegenwärtige Wirtschaftslage stabilisieren, dann wäre die tiefe Rezession nach 20 Monaten zu Ende, während sie in den 1930er Jahren 48 Monate dauerte. Der entscheidende Unterschied zwischen beiden liegt in der Reaktion der Politik: In der Großen Depression wurde die Geldversorgung mitten in der Krise eingeschränkt, jetzt dagegen ausgedehnt. Ähnliches gilt für die Fiskalpolitik (1930er Jahre restriktiv, jetzt expansiv) und für den Protektionismus (1930er Jahre verschärft, jetzt nur moderate Tendenzen). Deshalb ist die Hoffnung begründet, dass die jetzige Krise kürzer und weniger tief verlaufen könnte als in den 1930er Jahren. Der Preis ist allerdings eine rasch ansteigende Verschuldung.

Schaubild 4.15. Weltbörsen

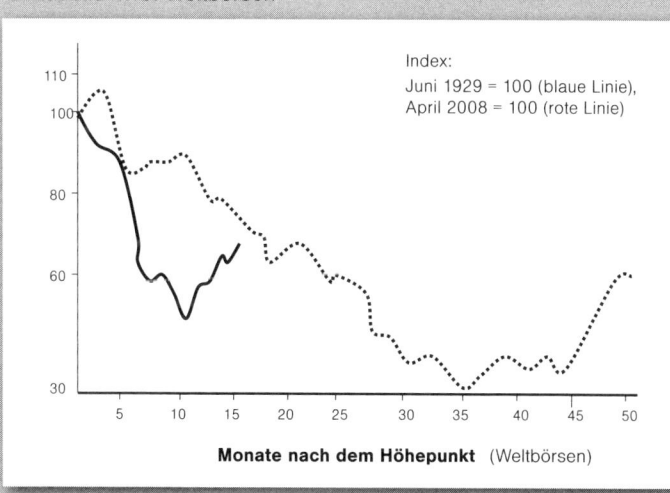

Index:
Juni 1929 = 100 (blaue Linie),
April 2008 = 100 (rote Linie)

Monate nach dem Höhepunkt (Weltbörsen)

Schaubild 4.16. Welthandel

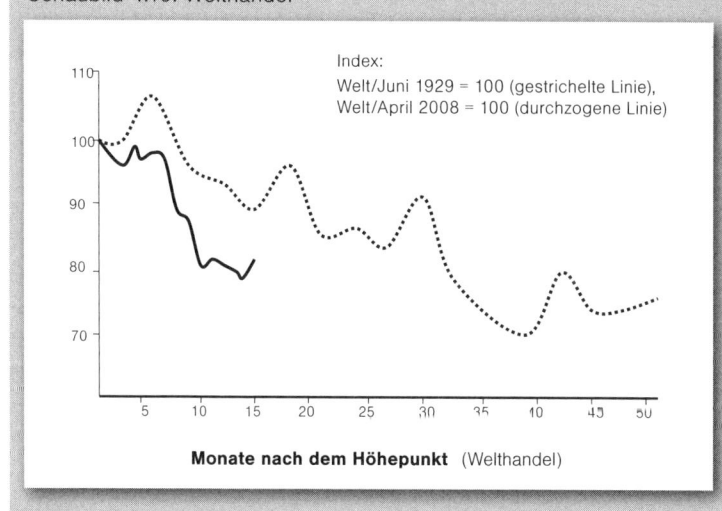

Index:
Welt/Juni 1929 = 100 (gestrichelte Linie),
Welt/April 2008 = 100 (durchzogene Linie)

Monate nach dem Höhepunkt (Welthandel)

Quellen: Eichengreen, Barry/O'Rourke, Kevin: A Tale of Two Depressions: October 2009, Update, abgerufen am 9.11.2009: http://www.voxeu.org/index.php?q=node/3421; Buchheim, Christoph: Economic Crisis in the Thirties and Today, in: Intereconomics, July/August 2009, S. 226 - 230; Piper, Nikolaus: Ist 2009 wie 1929?, in: Süddeutsche Zeitung Nr. 245, vom 24./25. Oktober 2009, S. 29.

Höhere Steuern belasten unmittelbar Konsum und Investitionen. Ein deutlich wachsender Schuldenberg wird obendrein die Nachfrage, d. h. den Preis für Kapital, erhöhen. Soll der Gefahr einer stärkeren Inflation entgegengewirkt und die übermäßige Liquidität bei anziehendem Wirtschaftswachstum wieder zurückgeführt werden, ist eine restriktive Geldpolitik erforderlich. Auch dies wird eher die Zinsen anziehen lassen. Eine Erhöhung der Kapitalkosten folgt auch aus einer stärkeren Regulierung der Finanzmärkte. Solider Schuldenabbau erfordert nicht nur einen geringen Spielraum für Steuersenkungen, sondern für die nächsten Jahre zudem eine restriktive Fiskalpolitik. Deshalb werden nur geringe Nachfrageimpulse vom Staat ausgehen.

Andere Kostenfaktoren kommen hinzu: Es ist durchaus anzunehmen, dass weltweit die Rohstoffpreise wieder anziehen. Die Kombination dieser Faktoren kann dazu führen, dass für etliche Jahre das weltwirtschaftliche Wachstum eher moderat ausfallen wird, zumal vor dem Hintergrund sich verschlechternder Finanzierungsbedingungen für Schwellenländer. Denkbar ist deshalb für viele Regionen eine „japanische Variante", d. h. eine wirtschaftliche Stagnation bzw. langsames Wachstum mit deflationären Tendenzen über einen längeren Zeitraum. Sollten protektionistische Tendenzen die Überhand gewinnen und sollte die Inflation nicht im Zaum zu halten sein, dann wäre eine Kombination von Stagnation und Inflation, d. h. eine erneute Stagflation wie sie in vielen Ländern in den 1980er Jahren zu beobachten war, möglich.

Für die deutsche Gesellschaft und die Soziale Marktwirtschaft ist diese Krise eine große Herausforderung und Bewährungsprobe. Nicht nur die Banken müssen einen Härtetest bestehen, sondern auch die Sozialsysteme, deren Finanzierungsbasis durch ein verhaltenes Wachstum und höhere Arbeitslosigkeit erodieren könnte. 60 Jahre Bundesrepublik und die europäische Einigung sind gute Fundamente, die hoffen lassen, dass Deutschland diese Krise meistern kann. Sollte es gelingen, die anstehenden Strukturreformen fortzuführen und massive Politikfehler zu vermeiden, dann bestünde durchaus die Chance, nach einigen Jahren gestärkt aus der Krise hervorzugehen.

5. Die Soziale Marktwirtschaft im Wandel – Herausforderungen für die politische Bildung

5.1. Stimmungslage: Schwindende Akzeptanz der Sozialen Marktwirtschaft

Die hohe, nur langsam sinkende Arbeitslosigkeit, ein über die letzten Jahre enttäuschendes Wirtschaftswachstum, Kürzungen von Sozialleistungen und die neue Armut lassen Zweifel aufkommen, ob sich die Soziale Marktwirtschaft Deutschlands in der globalisierten Welt behaupten kann. Zwar haben der Wirtschaftsaufschwung in den Jahren 2006 bis 2008 und die enorme Wettbewerbskraft deutscher Unternehmen die Reputation dieses Ordnungsmodells gestärkt, doch auch das führte zu keinem grundsätzlichen Stimmungsumschwung in der Bevölkerung. Will man repräsentativen Umfragen Glauben schenken, dann haben insbesondere ab dem Jahr 2003, also dem Beginn der Arbeitsmarkt- und Sozialreformen der Agenda 2010, Wertschätzung und Vertrauen in die Soziale Marktwirtschaft seitens der Bevölkerung deutlich abgenommen. Nur die Hälfte aller Befragten (2000 noch 70 %) schätzen sie 2009 noch als bewährtes System (vgl. Schaubild 5.1.). Dieses Ergebnis ist angesichts der ungeheuren Aufbauleistung in der 60-jährigen Geschichte der Bundesrepublik und der beachtlichen Stärke der deutschen Volkswirtschaft irritierend, doch hat es sich während der Krise, d.h. seit Herbst 2008 nicht verschlechtert. Wenn sich in der Haltung zur Sozialen Marktwirtschaft gleichermaßen die Stabilität des politischen Systems widerspiegelt, dann muss dieses Ergebnis beunruhigen und kann den politischen Bildungsauftrag der Akademie nicht unberührt lassen.

Vielleicht war die Zeit des Wirtschaftsaufschwungs mit sinkender Arbeitslosigkeit von 2006 bis 2008 zu kurz, um sich auf die mentale Stimmungslage der Bevölkerung auswirken zu können. Dies gilt auch für die unpopulären Haushaltskonsolidierungen, die immerhin einen ausgeglichenen Staatshaushalt für 2010 in Aussicht gestellt hätten. Die derzeitige Finanz- und Wirtschaftskrise hat nun nicht nur diese Hoffnung zunichte gemacht. Auch ihre gesellschaftspolitischen Auswirkungen sind noch nicht abzusehen. Die Verwerfungen haben jedoch staatliche Fehlsteuerungen bzw. Regulierungslücken auf nationaler und internationaler Ebene offengelegt, Fehler, die die öffentliche Meinung einer ungezügelten Deregulierung anlastet. Ob hieraus ein grundlegendes Akzeptanzproblem für die

123

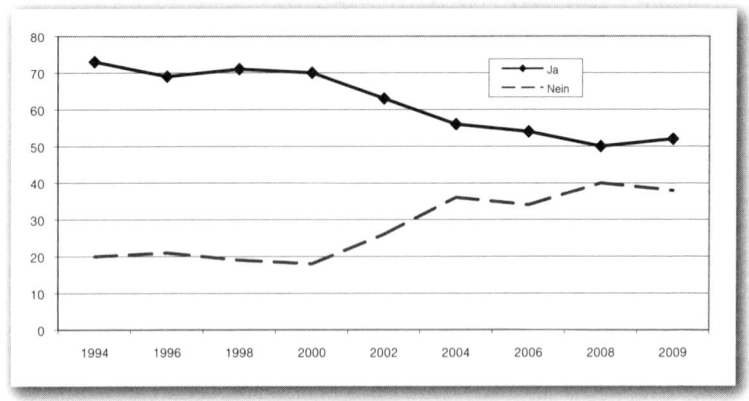

Schaubild 5.1. Umfrage: Hat sich die Soziale Marktwirtschaft bewährt?
(Jeweilige Antwort in %)

Anmerkung: Repräsentative Umfragen unter wahlberechtigten Deutschen, durchgeführt vom ipos-Institut Mannheim; Differenz zu 100 beinhaltet Antworten: „weiß nicht" oder „keine Angaben".
Quelle: Bankenverband, Bundesverband der Deutschen Banken, Kraftakt Krisenbewältigung, April 2009. Bankenverband, Bundesverband der Deutschen Banken, Deutschland im Wahl- und Krisenjahr, November 2009.

Globalisierung erwächst, ist offen. Einen Legitimationsverlust dürfte die Soziale Marktwirtschaft eigentlich nicht erleiden, denn ihr Credo besteht ja gerade darin, dem Markt einen Ordnungsrahmen zu geben, der Effizienz, Stabilität und sozialen Ausgleich gewährleistet. Gerade jetzt wird dieser Ansatz nicht nur auf nationalstaatlicher Ebene, sondern mit zunehmender Globalisierung auch weltweit eingefordert. Das noch vor kurzem prognostizierte Ende des deutschen Modells kann deshalb angesichts der dramatischen Krise der „angelsächsischen Variante des Kapitalismus" nicht mehr glaubhaft vertreten werden.

Die Appelle zur Rückbesinnung auf die Soziale Marktwirtschaft gingen in den letzten Jahren mit permanenten Reformen einher, deren Ausrichtung und Wirkungsweise selbst informierten Bürgern vielfach unverständlich blieben. Dabei lehnen entgegen dem weitverbreiteten Eindruck die Deutschen nicht jegliche Veränderung ab. Repräsentative Umfragen aus dem Jahr 2008 haben ergeben, dass 58 % der Deutschen die Maßnahmen im Bereich Gesundheit, Rente, Arbeitsmarkt sowie Steuern gebilligt haben, 36 % waren sogar der Meinung, dass diese Maßnahmen nicht weit genug gingen. Das Bewusstsein, dass das Wirtschafts- und Sozialsystems angesichts der Globalisierung und des demographischen Wandels an veränderte Rahmenbedingungen anpassungsbedürftig ist, ist diesen Umfragen zufolge in der Bevölkerung vorhanden. Dennoch scheint die damit zusammenhängende Verunsicherung, u. a. die Angst vor dem sozialen Abstieg, die Zunahme von Leiharbeit und befristeten Arbeitsverträgen (sogar im Wissenschafts- und Bildungsbereich) der Akzeptanz der Sozialen Marktwirtschaft geschadet zu haben.[99]

Wohl auch deshalb ist nicht nur in der Bevölkerung, sondern auch in der Politik Orientierungslosigkeit hinsichtlich weiterer Reformen zu konstatieren. Sie paart sich mit einer Grundstimmung in Ost wie West, sich selbst tendenziell als Verlierer zu sehen, entweder der deutschen Einheit, im Zuge der Osterweiterung, Globalisierung oder der Finanzkrise. Exorbitante Managergehälter, wachsende Einkommensdisparitäten und Armut in Teilbereichen der Gesellschaft sowie zunehmende Belastung für Familien der Mittelschicht (Stichwort kalte Progression) verstärken den Eindruck, dass es in unserer Gesellschaft nicht gerecht zugeht – 2008 waren etwa 70 % der Befragten dieser Ansicht.[100] Zugleich wirft die Politik den Bürgern vor, dass sie notwendige Reformen zwar fordern, aber nur solche akzeptieren wollen, die sie selbst nicht negativ betreffen. In diesem Kontext wächst die Kluft zwischen Bürgern und Politik. Diese gemischte Stimmungslage findet die politische Bildungsarbeit im ökonomischen Bereich vor.

5.2. Die Finanz- und Wirtschaftskrise: Anforderungen an die Ökonomie, Demokratie und ökonomische Wissensvermittlung?

Die Finanz- und Wirtschaftskrise könnte länger dauern, als viele annehmen. Um die Folgekosten, u. a. die nunmehr explosionsartig gestiegenen Schulden, abzutragen, wird noch mehr Zeit erforderlich sein. Die langfristigen gesellschaftspolitischen Auswirkungen dieser Verwerfungen sind deshalb schwer abzuschätzen. Die Verunsicherung in der deutschen Bevölkerung kann zunehmen und soziale Verwerfungen sind dann möglich, wenn die Krise dramatische Dimensionen erreicht, etwa wenn es zu Massenarbeitslosigkeit kommt. Zwar schien nach dem Zusammenbruch des Kommunismus die Überlegenheit des Kapitalismus unangreifbar, doch nach zwei Jahrzehnten weltwirtschaftlichen Wachstums nimmt die Kritik an der Globalisierung zu. 2008 sah nur noch ein

---

99 Vgl. BANKENVERBAND, Bundesverband der Deutschen Banken: Wirtschaftsstandort Deutschland 2008, Juli 2008, S. 13.

100 BANKENVERBAND, Bundesverband der Deutschen Banken, Kraftakt Krisenbewältigung, April 2009, S. 4.

Fünftel der deutschen Bevölkerung in der Globalisierung mehr Vor- als Nachteile. Die Hälfte ist eher unentschieden und für ein weiteres Viertel überwiegen sogar die Nachteile.[101] Angesichts der Tatsache, dass Deutschland den Wohlstand vor allem seiner erfolgreichen weltwirtschaftlichen Integration verdankt, ergibt sich der Auftrag an die politische Bildung in der Akademie, Triebkräfte, Folgen und Gestaltungsmöglichkeiten der Globalisierung zu thematisieren.

Globalisierungsgegner fordern mehr internationale Gerechtigkeit und stärkere Regulierung des globalen „Turbokapitalismus". Von ökonomischer Seite wurde zwar die Liberalisierung des weltweiten Handels mehrheitlich befürwortet, doch war die vollständige Liberalisierung des Kapitalverkehrs schon immer stark umstritten.[102] Obwohl Schwellenländer Konvergenzprozesse im Rahmen liberalisierter Finanzmärkte leichter finanzieren konnten, haben die Asien- und Russlandkrise in den 1990er Jahren die Krisenanfälligkeit solcher Strukturen offen gelegt. Bis auf wenige Ausnahmen hat die Mehrheit der Ökonomen 2008 den Beinahe-Kollaps des internationalen Finanzsystems und die Möglichkeit einer globalen Krise im Ausmaß der 1930er Jahre nicht ernsthaft in Erwägung gezogen. Es ist deshalb zu erwarten, dass bestehende Paradigmen der Volkswirtschaftslehre teilweise in Frage gestellt bzw. korrigiert werden. Die Debatte um eine bessere Regulierung der internationalen Finanzmärkte wird die Folge sein. In diesem Kontext muss sich die politische Bildung herausgefordert fühlen.

Kurzfristige Herausforderungen: Gutes Krisenmanagement

Zwischen Herbst 2008 und Frühjahr 2009 bewirkte gutes Krisenmanagement, den dramatischen Vertrauensverlust in die marktwirtschaftliche Ordnung wenigstens teilweise zu kompensieren. In diesem Sinne ist es zu interpretieren, dass das Vertrauen in die Soziale Marktwirtschaft nicht weiter gesunken ist. Die Zustimmungsrate erhöhte sich sogar geringfügig (siehe Schaubild 5.1.). Sicherlich sind der deutschen Politik in der Krise Einzelfehler unterlaufen, aber im Großen und Granzen hat sie angemessen reagiert und das Schlimmste verhindert. Dies wird indirekt dadurch bestätigt, dass die Bevölkerung bisher nicht massenhaft zur „Linken" übergelaufen ist (Bundestagswahlen: 2009 11,7 %; 2005: 8,7 %) oder andere radikale Strömungen bevorzugt.

---

101 Vgl. BANKENVERBAND, Bundesverband der Deutschen Banken: Wirtschaftsstandort Deutschland 2008, Juli 2008, S. 6.

102 Vgl. die Diskussion über Vor- und Nachteile der Globalisierung im Finanzbereich: WOLF, MARTIN: Fixing Global Finance, How to curb Financial Crisis in the 21st Century, New Haven and London 2008; dort 2 - 9; und S. 10 - 27.

Schaubild 5.2. Umfrage: Kann die Politik die wirtschaftlichen Probleme des Landes lösen? (Positive und negative Antworten jeweils in %)

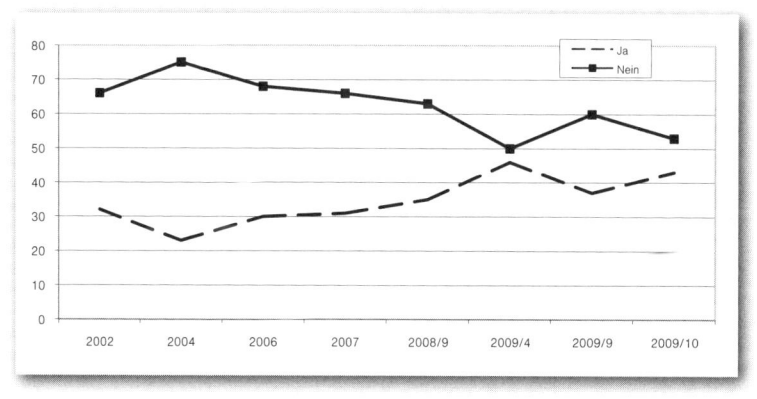

Anmerkung: Repräsentative Umfragen unter wahlberechtigten Deutschen, durchgeführt vom ipos-Institut Mannheim.

Quelle: Bankenverband, Bundesverband der Deutschen Banken, Kraftakt Krisenbewältigung, April 2009. Bankenverband, Bundesverband der Deutschen Banken, Deutschland im Wahl- und Krisenjahr, November 2009.

Dies drückt sich u. a. auch darin aus, dass trotz Schwankungen während der Krise das Zutrauen in die Politik zur Lösung der wirtschaftlichen Probleme des Landes sogar gestiegen ist (vom September 2008 bis Oktober 2009 von 35 % auf 42 % der Befragten (siehe Schaubild 5.2.).[103] Den etablierten Parteien wird offensichtlich eher zugetraut, einen Weg aus der verfahrenen Situation zu finden.

Dabei erweist sich der Sozialstaat als Damm gegen soziale Verwerfungen. Übergangsweise wird beispielsweise über Kurzarbeit die Beschäftigung in den Unternehmen aufrechterhalten. Viele Unternehmen nutzen zudem die Förderung der Arbeitsagenturen für die Weiterqualifizierung ihrer Beschäftigten, um bei einem Konjunkturaufschwung einem Facharbeitermangel vorzubeugen. Mittelfristig wird zwar die Arbeitslosigkeit deutlich steigen, doch der Sozialstaat hilft, extreme soziale Härten zu vermeiden. Wirtschaftspolitisch sind es diese „automatischen Stabilisatoren", also gesetzliche Staatsausgaben und soziale Sicherungssysteme, die den inländischen Konsum stützen und eine weitere Talfahrt der Binnenkonjunktur verhindern. Diese Maßnahmen sind in den angelsächsischen Ländern kaum vorhanden und mussten deshalb extra in die Konjunkturprogram-

---

103 Vgl. BANKENVERBAND, Bundesverband der Deutschen Banken, Deutschland im Wahl- und Krisenjahr, November 2009.

me aufgenommen werden. Internationale Vergleiche ermöglichen es der sozialpolitischen Bildungsarbeit, Vorteile, aber auch Problemebereiche der Sozialen Marktwirtschaft darzustellen.

Mittel- und langfristige Aufgabe: Vertrauen durch solide und nachhaltige Politik

Angesichts der sozialen Sicherungssysteme ist es deshalb wenig wahrscheinlich, dass im Kontext der Krise in Deutschland größere soziale Verwerfungen drohen. Extreme soziale klassenkämpferische Mobilisierung und Polarisierung wie in der Weimarer Republik sind eher unwahrscheinlich. Nach 60 Jahren Bundesrepublik signalisiert der Konsens über die grundgesetzliche Ordnung die hohe Akzeptanz und Wertschätzung des politischen Systems, was in den 1930er Jahren nicht der Fall war. Zudem sind die Erfahrungen mit sozialistischen Systemalternativen bekannt und ernüchternd. In diesem Kontext erscheint es geradezu als Segen, dass die Deutschen ihr eigenes Erfolgsmodell, die Soziale Marktwirtschaft, entwickelt haben, die sie daran erinnert, dass schwierigste Situationen gemeistert werden können. Zwar zeigen Umfragen immer wieder eine nostalgische sozialistische Grundstimmung in Ostdeutschland, doch sie reicht für ganz Deutschland kaum für weiterführende Protestpotentiale gegen den Kapitalismus.

Dies kann nicht darüber hinwegtäuschen, dass über Jahre eine gesellschaftliche Stimmung entstanden ist, die angesichts zunehmender sozialer Differenzierung und extrem hoher Managergehälter mehr soziale Gerechtigkeit offen einfordert. Aus einer repräsentativen Umfrage geht hervor, dass eine Mehrheit zwar davon überzeugt ist, es fehle unserem Land an sozialer Gerechtigkeit, doch sank dieser Anteil von 71 % 2008 auf 56 % 2009 (vgl. Schaubild 5.3.). Offenbar hat es sich in der Krise zunächst positiv ausgewirkt, dass die Politik Fragen der sozialen Gerechtigkeit als Problem thematisierte. Angesichts kaum geänderter Verfahrensweisen bei Manager-Boni fällt das Urteil nunmehr wieder kritischer aus.

Entscheidend für die Akzeptanz unseres politischen Systems wird es sein, wie nachhaltig die Politik ausgerichtet ist. Dies gilt sowohl für eine stabile Wachstumspolitik und die Tragfähigkeit der sozialen Sicherungssysteme, als auch für die Umwelt-, Energie-, aber auch Fiskalpolitik und die Krisenstabilität des Finanzsystems. Niemand möchte die dramatische Entwicklung ab Herbst 2008, fortgesetzt wissen. Bleiben wird aber zunächst die Angst um den Arbeitsplatz. Deutlich ist zu erkennen, dass die Politik ihre Akzente mehr auf Stabilität (vor allem im Finanzsystem) als auf ökonomische Effizienzerhöhung zu setzen gedenkt. Eindeutig geht der

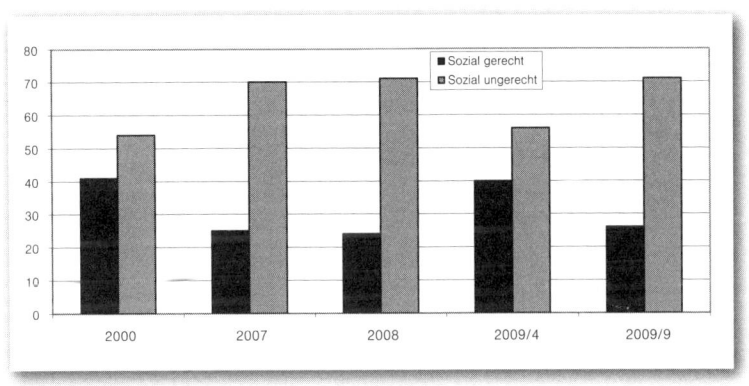

Schaubild 5.3. Umfrage: Geht es in unserer Gesellschaft sozial gerecht zu? (Jeweilige Antwort in %)

Anmerkung: Repräsentative Umfragen unter wahlberechtigten Deutschen, durchgeführt vom ipos-Institut Mannheim.

Quelle: Bankenverband, Bundesverband der Deutschen Banken, Kraftakt Krisenbewältigung, April 2009. Bankenverband, Bundesverband der Deutschen Banken, Deutschland im Wahl- und Krisenjahr, November 2009.

öffentliche Meinungstrend in diese Richtung (siehe Schaubild 5.4.), denn die Soziale Marktwirtschaft wird als Gewährleistung der sozialen Sicherheit im Kontrast zu einer vorrangigen Marktliberalisierung gesehen.

Nachhaltige Politik und die Komplettierung eines entsprechenden Ordnungsrahmens der Sozialen Marktwirtschaft sind die beste Garantie, aus der wirtschaftlichen keine gesellschaftspolitische Krise werden zu lassen. Vor diesem Hintergrund ist auch die vom Bundestag gebilligte und nunmehr in der Verfassung verankerte Schuldenbremse für Bund und Länder zu beurteilen. Manche Ökonomen wie Peter Bofinger oder Gustav Horn kritisieren das Instrument vehement, da die Investitionsmöglichkeiten des Staates massiv eingeschränkt würden. Andere dagegen sehen in der Schuldenbremse ein wichtiges Signal für die langfristige Konsolidierung der öffentlichen Haushalte in Zeiten, in denen aufgrund der Wirtschaftskrise höhere Defizite zunächst unvermeidbar sind. Es wird zentrale Aufgabe der ökonomischen Wissensvermittlung im allgemeinen Bildungsbereich sein, über diese komplexen Zusammenhänge und Hintergründe aufzuklären. Aber was sind die Grundkonzeptionen, Themenbereiche sowie Tagungsformen der politischen Bildung im Bereich der Wirtschafts- und Sozialpolitik im Einzelnen?

Schaubild 5.4. Umfrage: Was brauchen wir für die Zukunft der Sozialen Marktwirtschaft? (Jeweilige Antwort in %)

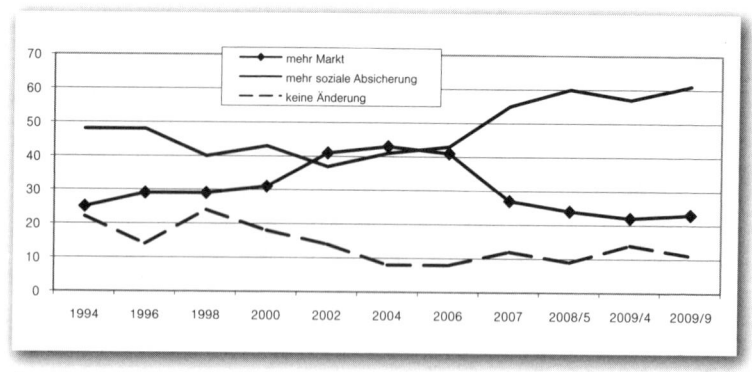

Anmerkung: Repräsentative Umfragen unter wahlberechtigten Deutschen, durchgeführt vom ipos-Institut Mannheim.

Quelle: Bankenverband, Bundesverband der Deutschen Banken, Kraftakt Krisenbewältigung, April 2009.

5.3. Wirtschafts- und Sozialpolitik in der Bildungsarbeit

Wirtschafts- und sozialpolitische Fragen nehmen in der politischen Auseinandersetzung einen besonderen Stellenwert ein. In Parteiprogrammen, Wahlkämpfen und aktuellen politischen Maßnahmen dominieren diese Themen.[104] In der jüngsten Finanz- und Wirtschaftskrise hat sich diese Tendenz noch verstärkt. Die Bundesbürger können sich mittels Tagespresse, Internet und Rundfunk sowie durch populärwissenschaftliche Sachbücher über wirtschaftliche Zusammenhänge informieren, mit denen sie sich bisher wenig oder gar nicht beschäftigt haben: Warum ist das Bankensystem so wichtig für die Volkswirtschaft? Was ist eine systemrelevante Bank? Was sind "Collateral Debt Obligations" und Zweckgesellschaften? Was bedeutet das amerikanische Leistungsbilanzdefizit und wie ist die enorme Expansion der ostasiatischen Staaten zu erklären? Die Liste könnte um weitere Fragen endlos erweitert werden. Gleichzeitig kann man sich des Eindrucks nicht erwehren, dass viele Menschen angesichts der

---

104 Vgl. HAMPE, PETER: Wirtschafts- und Sozialpolitik als Gegenstand politischer Bildung. Ein Erfahrungsbericht (1980 - 2005), in: OBERREUTER, HEINRICH (Hrsg.): Politische Bildung im Wandel der Zeit, 50 Jahre Akademie für Politische Bildung, München 2007, S. 239 - 240.

Komplexität der Krisenursachen und den damit verbundenen astronomischen Verlusten, Geldströmen und öffentlichen Schulden ihre Bemühungen eingestellt haben, die volkswirtschaftlichen Zusammenhänge zu verstehen, zumal ihre Erfahrungswelt von der einzelwirtschaftlichen Perspektive, die sie vom Haushalt oder vom Betrieb her kennen, dominiert wird. Den Bezug zu makroökonomischen Fragen herzustellen, ist deshalb eine wichtige Aufgabe der ökonomischen Bildungsarbeit der Akademie.

Seit Jahren wird eine Diskussion in der breiten Öffentlichkeit und im Rahmen der Wirtschaftsdidaktik über Art und Umfang des Wirtschaftsunterrichts geführt. Seitens der Wirtschaft wird regelmäßig kritisiert, dass ökonomische Grundkenntnisse zu wenig vermittelt werden. Kontrovers wird vor allem die Frage diskutiert, ob es dafür eines eigenen Unterrichtsfachs bedarf, oder ob die wirtschafts- und sozialpolitischen Themen in den Wirtschaftsunterricht integriert werden sollten. Auf diese Diskussionen kann in diesem Zusammenhang nicht näher eingegangen werden, ebenso nicht auf den Stellenwert des ökonomischen Unterrichts an den Schulen.[105] Im Folgenden soll dagegen kurz dargestellt werden, wie die politische Bildungsarbeit an der Akademie im wirtschafts- und sozialpolitischen Bereich konzipiert ist. Angesichts beachtlicher Informationsangebote verschiedenster Institutionen, einschließlich parteinaher Stiftungen und Wirtschaftsverbände, stellt sich die Frage, wie die Akademie das wirtschaftspolitische Denken fördern kann.

Zunächst muss die politische Bildung der Akademie das Erkenntnisinteresse der Bürger voraussetzen, mehr über wirtschaftliche und soziale Zusammenhänge erfahren zu wollen. Die Motivation zur Weiterbildung kann beruflicher Natur sein wie bei Lehrern, Medienvertretern, Mitarbeitern von Verbänden und Stiftungen (sog. Multiplikatoren), oder sich aus dem eigenen Fortbildungswillen des klassischen Bildungsbürgers ergeben. Manchmal erreicht die Arbeit auch den unmittelbar politischen Bereich, wenn etwa an Fortbildungen Parlamentarier oder Beamte aus den Ministerien teilnehmen, die das operative Geschäft der Wirtschafts- und Sozialpolitik abwickeln und sich einen Mehrwert aus einer Tagung erhoffen. Sicherlich wäre eine höhere Beteiligung aus diesem Bereich wünschenswert, aber der ergebnisorientierte Druck in den leitenden Stäben der Ministerien lässt die Teilnahme an Tagungen nur selektiv zu.

---

105 Vgl. hierzu: SUTOR, BERNHARD: 50 Jahre politische Bildung – Erfolge und Defizite in einer subjektiven Bilanz, in: OBERREUTER, HEINRICH (Hrsg.): Standortbestimmung Politische Bildung, Schwalbach/Ts., 2009, dort S. 26 - 31 und SCHÖSSER, HANS JÜRGEN: Ökonomische Bildung, Wirtschaftsdidaktik, Wirtschaftswissenschaft, Internet: http://www.sowi-online.de/journal/2001-2/oekonomische_bildung_schloesser.htm

In ihrer Bildungsarbeit muss sich die Akademie höchsten Qualitätsansprüchen sowohl hinsichtlich der inhaltlichen Konzeption als auch der Referentenauswahl verpflichtet fühlen, um damit eine möglichst hohe Teilnehmerzahl und Zufriedenheit zu erreichen. Inhaltliche Kompetenz und didaktisches Können sind also die Voraussetzung für erfolgreiche Tagungen. Im Kern geht es darum, sachlich kompetent teilweise äußerst komplexe Zusammenhänge einem Publikum zu vermitteln, das mit gewissen Vorkenntnissen ausgestattet ist und sich deshalb in kurzer Zeit, nämlich auf einer Tagung, tiefer in die Materie einarbeiten möchte. Der Bildungsauftrag impliziert auch, normative, ökonomische und politische Perspektiven zusammenzuführen.[106]

Ein wichtiger Tagungstyp ist die Lehrerfortbildung, durchgeführt entweder in Eigenregie oder in Kooperation mit der Akademie für Lehrerfortbildung in Dillingen. Die Motivation dieser Teilnehmer ist, wie aus den Befragungen deutlich wird, zum einen ein allgemeines „fachbezogenes Auftanken", denn der Schulalltag lässt nur wenig Raum für tiefergehende Reflektionen. Zum anderen ist die praktische Verwertung, also die gezielte Ausarbeitung von Unterrichtseinheiten, gefragt. Sie erfolgt in der konzeptionellen Bearbeitung von lehrplanrelevanten Themenbereichen, die unmittelbar in den Unterricht eingesetzt werden können. Thematisch befassen sich diese Tagungen mit allen relevanten wirtschafts- und gesellschaftspolitischen Fragen. Das Spektrum reicht gegenwärtig von der Reform der Arbeitsmarkt- und Sozialpolitik, der Globalisierung, dem wirtschaftlichen Strukturwandel über Ursachen und Entwicklung der Finanz- und Wirtschaftskrise bis zur Umwelt- und Energiepolitik. Hohe Qualität, sogar leichte Überforderung werden honoriert, was die entsprechende Tagungsresonanz zeigt.

Die Bedeutung von geschlossenen Tagungen mit Lehrern und Verbänden hat allerdings gegenüber den 1980er Jahren abgenommen. Es dominiert zumindest im wirtschaftspolitischen Bereich der Typ offene Fachtagung. Sie zielt darauf, letztlich auf dem freien Markt interessante Themen und Referenten anzubieten, um damit ein möglichst breites Publikum von Multiplikatoren, Wissenschaftlern, Politikern über Studenten bis Bildungsbürgern anzusprechen. Solche Tagungen bedeuten in der Vorbereitung deutlich mehr Aufwand, denn man ist angehalten, möglichst aktuelle und kontroverse wirtschafts- und sozialpolitische Themen mit publikumswirksamen Referenten aufzugreifen. Die Attraktivität solcher Tagungen steigt vor allem dann, wenn es gelingt, jene Referenten zu ge-

---

106 Vgl. OBERREUTER, HEINRICH: Politische Bildung in der freiheitlichen Demokratie, in: Oberreuter, Heinrich (Hrsg.): Standortbestimmung Politische Bildung, Schwalbach/Ts., 2009, dort S. 21.

winnen, die in der aktuellen Diskussion eine zentrale Rolle spielen. Neben fachlich orientierten Vorträgen gilt es auch, die kontroversen Standpunkte der verschiedenen politischen Richtungen und gesellschaftlichen Gruppen mit ihren prominenten Vertretern zu präsentieren. Die Tagungsteilnehmer haben dann die Möglichkeit, die Beiträge der Fachreferenten mit den Aussagen dieser Interessensvertreter zu konfrontieren. Oft gelingt es sogar, hochrangige Politiker für solche Debatten zu gewinnen. Der für das Publikum entscheidende Unterschied zu den üblichen Polit-Talkshows ist, dass angesichts des größeren Zeitbudgets und dank der anwesenden Wissenschaftler ein intensiveres und qualitativ höheres Diskussionsniveau erreicht wird.

Einiger solcher offenen Fachtagungen werden in fruchtbarer Kooperation mit anderen Institutionen veranstaltet, was in mehrfacher Hinsicht sehr positiv zu bewerten ist. Einmal ist es dadurch möglich, zielgruppengenau einen bestimmten Personenkreis zu motivieren, an den Tagungen teilzunehmen. Dadurch erhöht sich nicht nur die Teilnehmerzahl, sondern es verbessert sich auch die Qualität der Diskussion. Die Tagungen gewinnen einen stärker wissenschaftlichen Charakter, weil Referate durch Ko-Referate ergänzt werden. Vorteil dieses Tagungstyps ist, dass der Teilnehmerkreis deutlich verjüngt werden kann, denn vielfach ist es möglich, Studenten und junge Wissenschaftler für solche Tagungen zu gewinnen. Deshalb ist die Vernetzung mit wissenschaftlichen Instituten und Universitäten ausgebaut worden.

Im wirtschafts- und sozialpolitischen Bereich der Akademie finden regelmäßige Tagungen statt in Kooperation mit dem Institut für Arbeitsmarkt und Berufsforschung in Nürnberg (IAB) zu verschiedenen Problemen der Arbeitsmarktpolitik, mit dem Ifo-Institut Dresden zu wirtschafts- und sozialpolitischen Themen der deutschen Einheit, dem Institut für Wirtschaftsforschung Halle (IWH) zu Themen der Wirtschaftsethik, dem Osteuropa-Institut Regensburg, dem Herder-Institut in Marburg und der Südosteuropa-Gesellschaft (SOG) zu Fragen der Transformation Osteuropas und der EU-Osterweiterung sowie die Zusammenarbeit mit der Vertretung der Europäischen Kommission in München und mit der Bundeszentrale für Politische Bildung zu Fragen der europäischen Integration. Ergänzt wurde das Tagungsangebot durch Außentagungen in Regensburg und Nürnberg, wodurch in Kooperation mit lokalen Organisationen, darunter dem Bildungszentrum Nürnberg, die regionale Präsenz der Akademie gestärkt wird. Eine Übersicht ausgewählter Fachtagungen und Kooperationspartner bietet Tabelle 5.1.

Tabelle 5.1: Ausgewählte offene Fachtagungen, in Eigenregie bzw. mit Kooperationspartner

Thema	Kooperation	Zeit
De-Industrialisierung ohne Grenzen?	Peter Hampe (ehemals Akademie)	31. März bis 30. April 2006
Sanierungsfall Sozialstaat? Konzepte der neuen Regierung in der Diskussion	Karl-Heinz Willenborg (Akademie)	21. bis 22. April 2006
Forum "Menschenwürdige Wirtschaftsordnung"	Ulrich Blum (IWH), Michael Aßländer (Lehrstuhl für Wirtschaftsethik Kassel) und Heinrich Oberreuter (Akademie)	Insgesamt 4 Tagungen von 2006 bis 2009
Dem Raubtier auf die Zähne gefühlt: Turbokapitalismus versus Soziale Marktwirtschaft	–	20. bis 22. Oktober 2006
Die Gesundheitsreform, Wettbewerbsfähigkeit und alternde Gesellschaft	Karl-Heinz Willenborg (Akademie)	2 Tagungen: 8. bis 9. Dez. 2006 und 29. bis 30. Jan. 2007
Der Traum vom Aufbau Ost: Ökonomie als Triebfeder der Einheit	Joachim Ragnitz (ifo Dresden)	16. bis 17. März 2007
Die neuen Mitglieder: Motor oder Bremse der europäischen Integration?	Osteuropa-Institut München	15. bis 17. Juni 2007
Konfliktpotenzial und Brückenfunktion. Zur Rolle der Religionen in Südosteuropa.	Martin Held, (Evangelische Akademie Tutzing), Hans-Jörg Brey (SOG)	18. bis 19. Juni 2007
Einheit in der Vielfalt – Deutschland auf der Suche nach einem neuen Gesellschaftsmodell	Stefan Köppl, Karl-Heinz Willenborg (Akademie)	27. bis 29. Juli 2007
Aktuelle und historische Ursachen des Transformationserfolges mittel- und osteuropäischer Volkswirtschaften	Karl v. Delhaes (Herder-Institut Marbug), Osteuropa-Institut München	27. bis 27. Okt. 2007
Aufschwung am Arbeitsmarkt: Alles wird gut ... ?	Karl-Heinz Willenborg (Akademie), IAB	16. bis 17. Nov. 2007

Thema	Kooperation	Zeit
Klima im Wandel – Neue Energiepolitik für Europa und Deutschland	Henning Arp (EU-Kommission München)	7. bis 9. März 2008
Weltwirtschaftliche Verflechtungen – Terrorismus als Gefahr der internationalen Arbeitsteilung und des Wohlstands	Martin Held (Evangelische Akademie Tutzing)	11. bis 13. April 2008
Europa im Umbruch: Erweiterungen und neue Nachbarn der Europäischen Union im östlichen Europa	Osteuropa-Institut Regensburg und Wissenschaftszentrum Ost- und Südosteuropa-Regensburg	30. bis 31. Mai 2008, Außentagung Regensburg
Global Economic Governance, Das Management der Weltwirtschaft ein Jahr nach dem G-8-Gipfel von Heiligendamm	Stefan A. Schirm (Ruhr-Universität Bochum), Saskia Hieber (Akademie)	11. bis 12. Juli 2008
Mehr oder mehr gute Arbeit? – Erfahrungen in anderen Ländern und Konsequenzen für Deutschland	Ulrich Walwei (IAB und Osteuropa-Institut Regensburg (OEI))	16. bis 17. Okt. 2008
10 Jahre Euro – Bewährung in der Finanzkrise	–	13. bis 15. Febr. 2009
Bedrohte Mittelschicht – gefährdete Demokratie?	Jürgen Weber (Akademie)	20. bis 21. März 2008
Energiekrise und Klimawandel als Herausforderungen für Politik und Wirtschaft in Südosteuropa	Martin Held (Evangelische Akademie Tutzing), Hansjörg Brey (SOG), Verband der Bayerischen Wirtschaft (vbw)	27./28. März 2009 Außentagung: Evangelische Akademie
Umwelt- und Energiepolitik – Europäische Initiativen und regionales Handeln	Hermann Kehl (Bildungszentrum Nürnberg), Henning Arp: Vertretung der Europäischen Kommission in München	10. März 2009 Außentagung Nürnberg
Wirkungen der Osterweiterung in Grenzregionen	Jürgen Jerger (OEI)	21. April 2009 Außentagung Regensburg
Deutschland einig Vaterland?	Joachim Ragnitz (ifo Dresden)	6. bis 8. Nov. 2009

5.4. Perspektiven

Die politische Bildungsarbeit steht im wirtschafts- und sozialpolitischen Bereich vor beachtlichen Herausforderungen. Die wirtschaftlichen Rahmenbedingungen werden schwieriger und erfordern neue Lösungsansätze im institutionellen Rahmen der Volkswirtschaft. Die gegenwärtige Finanz- und Wirtschaftskrise macht alle Schönwetter-Finanzplanungen, also Ziele wie ein ausgeglichener Haushalt, zur Makulatur. Die Soziale Marktwirtschaft wird einem Stresstest unterzogen und vielleicht droht ihr die schwierigste Bewährungsprobe seit dem Wiederaufbau. Zugleich werden weitere Reformen in den Sozialsystemen sowie dringende Themen im Umwelt- und Energiebereich auf die Agenda gesetzt. Mit all diesen neuen Herausforderungen werden die Bürger konfrontiert.

Der Wiederaufbau nach dem Zweiten Weltkrieg, das Wirtschaftswunder und die Bewältigung der Folgen der deutschen Spaltung sollten den Deutschen genügend Zutrauen in ihr eigenes Wirtschaftssystem geben. Es muss aber auch seine Wandlungsfähigkeit in der Krise beweisen. In diesem Kontext ist der Auftrag der Politischen Bildung darin zu sehen, die Prinzipien der Sozialen Marktwirtschaft an der Realität zu messen und Informationen sowie wirtschaftspolitische Analysen einem breiten Publikum von Interessierten und Multiplikatoren zu präsentieren. Dabei geht es zunächst immer wieder um die Klärung der Frage, welche geistigen Wurzeln und wesentlichen Elemente das deutsche Modell aufweist und wie es sich von anderen Wirtschaftssystemen unterscheidet. Solide Kenntnisse, so zeigen Untersuchungen[107], erhöhen die Akzeptanz der Sozialen Marktwirtschaft und garantieren damit letztlich die Stabilität der Demokratie in unserem Lande.

---

107 Vgl. FREY, DIETER: Akzeptanz der Sozialen Marktwirtschaft: Die gesellschaftliche Vermittlung verbessern (Juni 2008), in: http://www.bankenverband.de/channel/133810/art/2425/index.html.

Literaturverzeichnis

Akademie Report, Akademie für Politische Bildung Tutzing, verschiedene Ausgaben.

Aturupane, Chonirna/Djankov, Simeon/Hoekman, Bernard (1997): Determinants of Intra-Industry Trade between East and West Europe, World Bank, Policy Research Working Paper 1850, Washington 1997.

Akerlof, George A./Shiller, Robert J.: Animal Spirits: Wie die Wirtschaft wirklich funktioniert, 2009.

Bankenverband, Bundesverband der Deutschen Banken: Kraftakt Krisenbewältigung, April 2009. http://www.bankenverband.de/channel/133810/art/2425/index.html.

Bankenverband, Bundesverband der Deutschen Banken: Wirtschaftsstandort Deutschland 2008, Juli 2008.

Bankenverband, Bundesverband der Deutschen Banken: Deutschland im Wahl- und Krisenjahr, November 2009.

Brender, Anton/Pisani, Florence: Globalised finance and its collapse, Belgium 2009.

Bhagwati, Jagdisch: In Defense of Globalization, New York (Oxford University Press), 2004.

Blum, Ulrich/Buscher, Herbert/Gabrisch, Hubert/Günther, Jutta/Heimpold, Gerhard/Lang, Cornelia/Ludwig, Udo/Rosenfeld, Martin/Schneider, Lutz: Ostdeutsche Transformation seit 1990 im Spiegel wirtschaftlicher und sozialer Indikatoren, IWH-Sonderheft 1/2009, Halle (Saale) 2009.

Blanchard, Oliver: The Crisis: Basic Mechanism, and Appropriate Policies, IMF Working Paper, WP/09/80, April 2009.

BMWi: Ergebnisse der Treffens der G-20-Staats- und Regierungschefs sowie der Jahrestagung von IWF und Weltbank und des G-7-Finanzminister-Treffen: http://www.bundesfinanzministerium.de.

Bochert, Knut: Die Globalisierung in historischer Perspektive, München 2001.

Bofinger, Peter: Ist der Markt noch zu retten? Warum wir jetzt einen starken Staat brauchen, Berlin 2009.

Bofinger, Peter: Wir sind besser, als wir glauben – Wohlstand für alle, München 2005.

Brücker, Herbert et al: The impact of eastern enlargement on employment and labour markets in the EU member states, Part A, Berlin 2000.

Bundesagentur für Arbeit: Gemeinschaftsprognose, Nürnberg Oktober 2008.

Capital: „Ich sage die Wahrheit" Interview mit dem Pimco-Chef Mohamed El-Erian, in: Capital, Nr. 6 vom 20.5. - 17.6.2009, S. 159 - 161.

Deutsch, Klaus Günter: Der „Aufbau Ost" – eine Zwischenbilanz im Jahr 17 der deutschen Einheit, in: Wirtschaftsdienst, Zeitschrift für Wirtschaftspolitik, 87. Jahrgang, Heft 5, Mai 2007, S. 284 - 28.

Deutsche Bank Research: Perspektiven Ostdeutschlands – 15 Jahre danach, Deutsche Bank Research, Nr. 306, 10. November 2004.

Deutsche Bank Research: Aufbruch Ost, Die Wirtschaftsentwicklung in den östlichen Bundesländern, 2. September 2009, Nr. 458.

Deutsche Bundesbank: Monatsbericht Dezember 2007.

Deutsche Bundesbank: Finanzstabilitätsbericht 2009, Frankfurt/Main, November 2009.

Der Spiegel: „Der Bankraub", Nr. 47, vom 17.11.2008, S. 46-80.

Eichengreen, Barry: The European Economy since 1945, Princeton and Oxford (Princeton University Press) 2007.

Eichengreen, Berry/O'Rourke, Kevin: A Tale of Two Depressions, forthcoming, paper for: Economic Policy, 2009.

Eichengreen, Barry/O'Rourke, Kevin: A Tale of Two Depressions: October 2009 Update, abgerufen am 9.11.2009: http://www.voxeu.org/index.php?q=node/3421.

Europäische Zentralbank (EZB): Monatsberichte, verschiedene Ausgaben.

European Bank for Reconstruction and Development (EBRD): Business in Transition: Transition report 2005, European Bank for Reconstruction and Development, London 2005.

European Bank for Reconstruction and Development (EBRD): People in Transition: Transition report 2007, London 2007.

European Commission, DG Ecfin: European Economy, Statistical Annex Spring 2007.

Finanzstabilitätsbericht 2009, Pressenotiz der Deutschen Bundesbank, Frankfurt/Main, vom 25. November 2009.

Flassbeck, Heiner/Spiecker, Friederike: Das Ende der Massenarbeitslosigkeit. Mit richtiger Wirtschaftspolitik die Zukunft gewinnen, Frankfurt/Main 2007.

Frey, Dieter: Akzeptanz der Sozialen Marktwirtschaft: Die gesellschaftliche Vermittlung verbessern (Juni 2008), in: http://www.bankenverband.de/channel/133810/art/2425/index.html.

Gemeinschaftsprognose Frühjahr 2009: Im Sog der Weltwirtschaft, ifo-Schnelldienst, Nr. 8, 2009.

Gensicke, Thomas: Die Ostdeutschen und der Systemzweifel der Westdeutschen – Warum die innerdeutsche Integration schwierig ist, in: Weber, Jürgen (Hrsg.): Illusionen, Realitäten, Erfolge, Zwischenbilanz der deutschen Einheit, München 2006, S. 56-79.

Hampe, Peter/Weber, Jürgen (Hrsg.): 50 Jahre Soziale Marktwirtschaft: Eine Erfolgsstory vor dem Ende?, München 1999.

Hampe, Peter: Wie sozial ist die Soziale Marktwirtschaft?, in: Verantwortung in einer globalisierten Welt, Aufgaben einer wertorientierter politischen Bildung, Schriftenreihe der Bundeszentrale für Politische Bildung, Band 331, S. 360-370.

Hampe, Peter: Wirtschafts- und Sozialpolitik als Gegenstand politischer Bildung. Ein Erfahrungsbericht (1980 - 2005), in: Oberreuter, Heinrich (Hrsg.): Politische Bildung im Wandel der Zeit, 50 Jahre Akademie für politische Bildung, München 2007, dort S. 239 - 240.

Hanke, Thomas: Der neue deutsche Kapitalismus: Republik im Wandel, Frankfurt/Main, 2006.

Harrison, Fred: Wirtschaftskrise 2010. Wie die Immobilienblase die Wirtschaft in die Krise stürzt, Weinheim 2008.

Heilemann, Ulrich: Der Aufbau Ost in der Kritik – Ostdeutschland ein „Mezzogiorno-Fall"?, in: Weber, Jürgen (Hrsg.): Illusionen, Realitäten, Erfolge – Zwischenbilanz der deutschen Einheit, München 2006, S. 186 - 220.

Heilemann, Ulrich: Illusionen, Irrtümer, oder Fehler? Ein kurzer Blick zurück auf die Deutsche Einigung, in: Wirtschaftsdienst, Zeitschrift für Wirtschaftspolitik, 87. Jahrgang, Heft 5, Mai 2007, S. 279 - 289.

Heseke, Gerhard: Bruttoinlandsprodukt, Verbrauch und Erwerbstätigkeit in Ostdeutschland, Köln 2005.

Hesse, Martin: Eine Bankenpleite ohne Chaos, in: Süddeutsche Zeitung vom 3.11.2009.

Horn, Gustav/Rietzler, Katja: Forcierte Angebotspolitik löst keinen zusätzlichen Investitionsschub aus, ein Zyklenvergleich, in: Institut für Markoökonomie und Konjunkturforschung, IMK-Report, Nr. 24, November 2007.

Hüfner, Martin: Comeback für Deutschland, Warum unsere Wirtschaft durchstartet, obwohl der Staat nichts tut, München 2007.

Hülskamp, Nicole: Blühende Landschaften oder leere Einöde? – Demographische Probleme in den neuen Bundesländern, in: Wirtschaftsdienst, Zeitschrift für Wirtschaftspolitik, 87. Jahrgang, Heft 5, Mai 2007, S. 279 - 289.

IAB Kurzbericht: Aktuelle Analysen aus dem Institut für Arbeitsmarkt- und Berufsforschung der Bundesagentur für Arbeit. Sozialversicherungspflichtige Beschäftigung. Woher kommt die Talfahrt? Ausgabe Nr. 26/28.12.2005.

ifo-Institut München: Der pathologische Exportboom, ifo-Schnelldienst Nr. 1/2006 (Sonderausgabe), ifo-Institut München 2006.

ILO: Finanzkrise wird weltweit 20 Millionen Stellen kosten, Reuters: Montag, 20. Oktober 2008, 19:48 Uhr.

IMF: World Economic Outlook, Annex 1: Monetary Policy, Financial Liberalization, and Asset Price Inflation, May 1993. Washington, D.C.

IMF (2009): Financial Stability Report, Washington, April 2009.

IMF (2009): World Economic Outlook, Crisis and Recovery, Washington, April 2009.

IMF (2007): World Economic Outlook, Globalization and Inequalities, Washington D.C., 2007, S. 137.

IMF (2009): World Economic Outlook, Sustaining the Recovery, Washington D.C., October 2009.

Institut für Wirtschaftsforschung Halle (IWH): Die Lage der Weltwirtschaft und der deutschen Wirtschaft im Frühjahr 2007, Institut für Wirtschaftsforschung Halle (IWH), in: Wirtschaft im Wandel, 1/2007 (Sonderausgabe).

James, Harold: The End of Globalization, Lessons from the Great Depression, Cambridge, Mass. (Harvard University Press) 2001.

Klein, Anna: Ost-westdeutsche Integrationsbilanz, in: Aus Politik und Zeitgeschichte, Beilage der Wochenzeitschrift „Das Parlament", Nr. 28/06.07.2009.

Klein, Naomi: No Logo! München 2001.

Knogler, Michael/Quaisser, Wolfgang: Europäischer Steuerwettbewerb: Steuern und Sozialabgaben in Ostmitteleuropa, Kurzanalysen und Informationen Nr. 37, Februar 2009.

KOF Swiss Economic Institute KOF Index of Globalization 2008, Eidgenössische Technische Hochschule Zürich (ETH), Press Release, Tuesday, January 8th, 2008.

Kohler, Wilhelm: Wachstumseffekte durch Osterweiterung der EU? In: ifo-Schnelldienst, Nr. 14/2007, S. 3-10.

Köhler, Horst: Interview mit Bundespräsident Horst Köhler am 13.9.2004: „Jeder ist gefordert", in: Focus Nr. 38, 2004.

Krugman, Paul/Obstfeld, Maurice: International Economics, Theory and Policy. New York 1991.

Krugman, Paul: The Obsession of Competitiveness, in: Foreign Affairs, March/April 1994.

Marin, Daniela: A new international Division of Labor, Discussion Paper 2005 - 17, Department of Economics, München, September 2005, S. 3-4.

Miegel, Meinhard: Die deformierte Gesellschaft: Wie die Deutschen ihre Wirklichkeit verdrängen, Berlin 2004.

Minski, Heyman: Stabilizing an Unstabel Economy, McGrawHill, 2008.

Mohr, Gisela: Psychosoziale Folgen von Erwerbslosigkeit – Interventionsmöglichkeiten, in: Aus Politik und Zeitgeschichte, Beilage zur Wochenzeitschrift „Das Parlament", Nr. 40-41/29.09.2008.

Monti, Mario: Die Blockierer, in: Financial Times Deutschland, March 2, 2006.

Müller Armack, Alfred: Soziale Marktwirtschaft, in: Handwörterbuch der Sozialwissenschaften, Bd. 6, 1956, S. 390 - 392.

Münchau, Wolfgang: Kernschmelze im Finanzsystem, München 2008.

Neugebauer, Gero: Politische Milieus in Deutschland, Die Studie der Friedrich Ebert Stiftung, Bonn 2007.

Oberreuter, Heinrich (Hrsg.): Politische Bildung im Wandel der Zeit, 50 Jahre Akademie für Politische Bildung, München 2007.

Oberreuter, Heinrich: Politische Bildung in der freiheitlichen Demokratie, in: Oberreuter, Heinrich (Hrsg.): Standortbestimmung Politische Bildung, Schwalbach/Ts. 2009, S. 9 - 22.

Ochel, Wolfgang/Röhn, Oliver: Ranking of Countries: the WEF, IMD, Fraser and Heritage Indices, in: CESifo DICE-Report: Journal for Institutional Comparisons, Bd. 4, 2006, S. 48 - 60.

OECD: Factbook 2007 and 2009: Economic, Environmental and Social Statistic, Indicators of Globalization:http://titania.sourceoecd.org/vl=512407/cl=22/nw=1/rpsv/factbook2009/03/01/01/index.htm.

OECD: International Investment Perspectives: Freedom of Investment in a Changing World, Paris (2007 Edition).

OECD: Wirtschaftsausblick, Paris, Juni 1999.

Pflüger, Michael: Die These vom pathologischen Exportboom – Einige kritische Anmerkungen, in: Der pathologische Exportboom, ifo-Schnelldienst Nr. 1/2006 (Sonderausgabe), S. 19 - 23.

Projektgruppe Gemeinschaftsdiagonose: Gemeinschaftsdiagnose Herbst 2009, Zögerliche Belebung – steigende Staatsschulden, in: ifo-Schnelldienst Nr. 20, 62. Jg., 43-44. KW vom 26. Oktober 2009.

Quaisser, Wolfgang/Hartmann, Monika/Hönekopp, Elmar/Brandmeier, Michael: Die Osterweiterung der Europäischen Union: Konsequenzen für Wohlstand und Beschäftigung in Europa, Internationale Politikanalyse, Friedrich Ebert Stiftung, Bonn 2000, S. 13 - 24.

Quaisser, Wolfgang: Die Soziale Marktwirtschaft in der globalisierten Welt – Einführung in den Tagungsband, in: 60 Jahre Soziale Marktwirtschaft in einer globalisierten Welt. Beiträge des 3. Forums Menschenwürdige Wirtschaftsordnung, Wirtschaft im Wandel (Sonderheft), Halle 2008.

Quaisser, Wolfgang: Ist die Soziale Marktwirtschaft Deutschlands am Ende?, in: Heinrich Oberreuter (Hrsg.): Politische Bildung im Wandel der Zeit, 50 Jahre Akademie für Politische Bildung, München 2007, S. 463 - 483.

Quaisser, Wolfgang: Strategieansätze und Ergebnisse der Übergangs der Mittel- und osteuropäischen Länder zur Marktwirtschaft, in: Aus Politik und Zeitgeschichte, Beilage zur Wochenzeitschrift „das Parlament", B 44 - 45/97, vom 24. Oktober 1997, S. 3 - 15.

Quaisser, Wolfgang: Transformationsstrategien und Wirtschaftsentwicklung, in: v. Delhaes, Karl/Quaisser, Wolfgang/Ziemer, Klaus: Vom Sozialismus zur Marktwirtschaft, Wandlungsprozesse, Ergebnisse und Perspektiven, München 2009.

Quaisser, Wolfgang: Konsequenzen der Finanz- und Wirtschaftskrise für Politik und Gesellschaft, Akademie Kurzanalyse, Nr. 2, 2009.

Ragnitz, Joachim: Strukturunterschiede zwischen Ost- und Westdeutschland als Rechtfertigung besonderer Förderung? In: Wirtschaftsdienst, Zeitschrift für Wirtschaftspolitik, 87. Jahrgang, Heft 5, Mai 2007, S. 289 - 295.

Ragnitz Joachim: Demografische Entwicklung in Ostdeutschland: Tendenzen und Implikationen, in: DIW: Vierteljahreshefte zur Wirtschaftsforschung, Vol 78, Nr. 2, Berlin 2009, S. 110-121.

Ragnitz, Joachim: Ostdeutschland heute: Viel erreicht, viel zu tun, in: ifo-Schnelldienst, 62. Jahrgang, Nr. 18/2009.

Reinhardt, Carmen M./Rogoff, Kenneth S.: The Time is different: A Panoramic View of Eight Centuries of Financial Crisis, NBER Working Paper No. 13882, Issued in March 2008.

Roubini, Nouriel: „Das ist der Anfang vom Ende des US-Imperiums", Interview mit Roubini in: Der Tagesspiegel vom 21.9.2008, Online: URI: http://www.tagesspiegel.de/politik/USA-Finanzkrise-Nouriel-Roubini;art771,2624331.

Sachverständigenrat zur Begutachtung der Gesamtwirtschaftlichen Entwicklung (Hrsg.): Jahresgutachten 2005/06, Wiesbaden 2005.

Sachverständigenrat zur Begutachtung der gesamtwirtschaftlichen Entwicklung (Hrsg.): Das Erreichte nicht verspielen, Jahresgutachten 2007/08, Wiesbaden 2007.

Sachverständigenrat zur Begutachtung der gesamtwirtschaftlichen Entwicklung (Hrsg.): Die Zukunft nicht aufs Spiel setzen, Jahresgutachten 2009/10, Wiesbaden 2009.

Sauernheimer, Karlhans: Außenhandel, Reallöhne und Beschäftigung, in: Jahrbuch für die Ordnung von Wirtschaft und Gesellschaft, 1996, Bd. 47, S. 51 - 70.
Sauernheimer (1996), S. 53.

Schäuble, Wolfgang: Deutschlands zweite Chance – Geschichte, Stand und Perspektiven der Deutschen Einheit, in: DIW: Vierteljahreshefte zur Wirtschaftsforschung, Vol. 78, Nr. 2, Berlin 2009, S. 8-17.

Schmidt, Helmut/von Weizsäcker, Richard (Hrsg.): Innenansichten aus Europa, Die neue Mittwochsgesellschaft, Band 4, München 2007.

Schösser, Hans Jürgen: Ökonomische Bildung, Wirtschaftsdidaktik, Wirtschaftswissenschaft, Internet: http://www.sowi-online.de/journal/2001-2/oekonomische_bildung_schloesser.html.

Schrettl, Wolfram: Transition with Insurance, Oxford Review of Economic Policy, Vol 8, No. 1/1992.

Schröder, Christoph: Industrielle Arbeitskosten im internationalen Vergleich, in: IW Trends, Nr. 3/2009, Institut der deutschen Wirtschaft Köln.

Schröder, Klaus: Ostdeutschland 20 Jahre nach dem Mauerfall – Eine Wohlstandsbilanz, Gutachten für die Initiative Neue Soziale Marktwirtschaft, Forschungsverbund SED-Staat, FU Berlin 2009.

Siebert, Horst: Jenseits des sozialen Marktes, Eine notwendige Neuorientierung der deutschen Politik, München 2005.

Sinn, Gerlinde/Sinn, Hans-Werner: Kaltstart, München 1993.

Sinn, Hans-Werner/Westermann, Frank: Two Mezzogiornos (NBER Working Papers, Nr. 8125), Cambridge 2000.

Sinn, Hans-Werner: Die Basarökonomie. Deutschland: Exportweltmeister oder Schlusslicht? Berlin 2005.

Sinn, Hans-Werner: Ist Deutschland noch zu retten? München 2005.

Sinn, Hans-Werner: Kasino Kapitalismus. Wie die Finanzkrise kam, und was jetzt zu tun ist. Berlin 2009.

Sinn, Hans-Werner: The New Systems Competition, Yrjö Jahnsson Lectures, Helsinki 1999, Oxford 2003.

Starbatty, Joachim: Die Konsequenz fehlender realer Konvergenz: Die Währungsunion vor der Zerreißprobe, in: ifo-Schnelldienst, Nr. 5, 2009, S. 3-7.

Sutor, Bernhard: 50 Jahre politische Bildung – Erfolge und Defizite in einer subjektiven Bilanz, in: Oberreuter, Heinrich (Hrsg.): Standortbestimmung Politische Bildung, Schwalbach/Ts. 2009, dort S. 23-36.

Süddeutsche Zeitung: Interview mit Simon Johnson: „Wir müssen die Macht der Wall Street brechen", vom 21.5.2009.

Sürig, Dieter: „Aufbau Südost", Süddeutschen Zeitung vom 5./6. September 2009, S. 26.

Untiedt, Gerhard et al.: Auswirkungen der EU-Erweiterung auf Wachstum und Beschäftigung in Deutschland und ausgewählten EU-Mitgliedsstaaten, IAB-Bibiothek, Nr. 311, Nürnberg 2007, dort S. 119 - 163.

v. Delhaes, Karl/Quaisser, Wolfgang/Ziemer, Klaus: Vom Sozialismus zur Marktwirtschaft, Wandlungsprozesse, Ergebnisse und Perspektiven, München 2009.

Wadhwani, Sushil: Should monetary policy respond to asset price bubbles? Revisiting the debate, in: National Institute Economic Review, October 1, 2008.

Weber, Jürgen (Hrsg.): Illusionen, Realitäten, Erfolge. Zwischenbilanz zur deutschen Einheit, München 2006.

Wolf, Martin: Fixing Global Finance, How to curb Financial Crisis in the 21st Century, Yale University Press, New Haven and London 2008.
Wood, Steve, Quaisser, Wolfgang: The New European Union, Confronting the Challenges of Integration, Boulder/London 2008.
World Bank: World Development Indicators 2007, Washington 2007.
World Economic Forum: The Global Competitiveness Report 2008 - 2009, Geneva/New York 2008.
WTO: International Trade Statistics, 2007 und 2008.
Zimmermann, Klaus F.: Deutschland 2015: Die Zukunft gestalten! in: Zimmermann, Klaus F. (Hrsg.): Deutschland – was nun? Reformen für Wirtschaft und Gesellschaft, München 2006, S. 17 - 18.

WOCHENSCHAU VERLAG
... ein Begriff für politische Bildung

Tutzinger Schriften zur politischen Bildung

Heinrich Oberreuter (Hrsg.)

Standortbestimmung Politische Bildung

Im Zentrum politischer Bildung stehen vor allem grundlegende Themen der Demokratie: ihr geistiges Fundament, ihre Prinzipien, Strukturen und Prozesse sowie deren Entwicklungen und Herausforderungen. Gleichwohl muss sie sich auch aktuellen Herausforderungen stellen. Für den Fachdiskurs über Antworten und Zukunftskonzepte bot die Akademie Tutzingen anlässlich ihres 50. Jubiläums führenden Fachvertretern ein Forum zur Präsentation und Diskussion ihrer Themen und Konzepte. Die vielfältigen Beiträge dieser Konferenz ergeben ein facettenreiches Bild der Themen und Kontroversen – eine Standortbestimmung der politischen Bildung zu Beginn des 21. Jahrhunderts.

978-3-89974498-9, 368 S., € 24,80

Saskia Hieber

Asiatische Riesen

Aufstiegspotentiale Chinas und Indiens als Gegenstand der politischen Bildung

Der Band analysiert die Bedeutung des Aufstiegs asiatischer Großmächte, beschreibt die verwendeten Methoden und die Zielgruppen und zeigt Ergebnisse für die politische Bildung auf.

978-3-89974472-9, 96 S., € 12,80

Miriam Wolf

Ethische Kontroverse – demokratische Mitwirkung

Bio- und Gentechnologie als Thema der politischen Bildung

Die Autorin zeichnet die Debatte nach, die sich rund um den Kompromiss über den Import embryonaler Stammzellen zwischen Politik, Wissenschaft, Wirtschaft und Gesellschaft entsponnen hat und zeigt, dass politische Bildung gerade in bioethischen Fragen zur Urteilsbildung beitragen muss.

978-3-89974471-2, 128 S., € 14,80

www.wochenschau-verlag.de

Adolf-Damaschke-Str. 10, 65824 Schwalbach/Ts., Tel.: 06196/86065, Fax: 06196/86060, info@wochenschau-verlag.de